莒县博物馆

刘云涛　编著

文物出版社

版式设计：秦 彧

责任编辑：秦 彧

责任印制：张 丽

图书在版编目（CIP）数据

莒县博物馆/刘云涛编著．－北京：文物出版社，
2015.8
ISBN 978-7-5010-4350-7

Ⅰ．①莒… Ⅱ．①刘… Ⅲ．①博物馆－历史文
物－介绍－莒县 Ⅳ．①K872.524

中国版本图书馆CIP数据核字(2015)第176433号

莒 县 博 物 馆

刘云涛　编著

文 物 出 版 社 出 版 发 行

（北京市东直门内北小街2号楼）

http://www.wenwu.com

E-mail：web@wenwu.com

北京荣宝燕泰印务有限公司制版印刷

新 华 书 店 经 销

889×1194　1/16　印张：13

2015年8月第1版　　2015年8月第1次印刷

ISBN 978-7-5010-4350-7　定价：230.00元

编 委 会

主　任：刘云涛
副主任：何绪军　王　健
委　员（按姓氏笔画为序）：
　　　　于同艳　王媛媛　朱晓伟　张立霞
　　　　赵　洁　赵均茹　钱建礼　董青鑫
摄　影：王　健　刘云涛

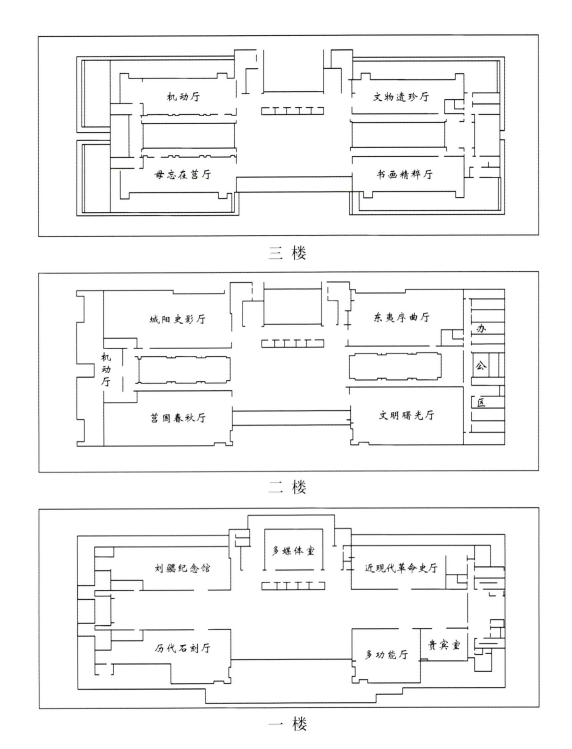

莒县博物馆

三 楼

机动厅　　　　　文物遗珍厅

毋忘在莒厅　　　　书画精粹厅

二 楼

城阳史影厅　　　　东夷序曲厅　办公区

机动厅

莒国春秋厅　　　　文明曙光厅

一 楼

刘勰纪念馆　多媒体室　近现代革命史厅

历代石刻厅　　　　多功能厅　贵宾室

莒县博物馆内展陈参观路线平面图

莒县博物馆外景

莒县博物馆

莒国文化
源远流长

宋平

一九九三年
六月

宋平题词

莒县博物馆夜景

莒县博物馆

舒同题名

莒县博物馆

序

孙敬明

　　莒县是一个令人神绕梦牵的考古圣地。20世纪80年代初，我在吉林大学读古文字讲师研究班的时候，曾拜读先恩师于思泊先生的《关于古文字研究的若干问题》（《文物》1973年第2期），自感受益匪浅，印象至深，尤其是于先生对莒县陵阳河遗址出土的大口尊上陶文"旦"字的释解，形象生动，如描如绘，所以至今仍能背诵。当时就对莒县的文物考古产生无限向往——而陵阳河、天井汪、城阳国和"毋忘在莒"的历史蕴涵则常萦脑际。1987年秋冬之际，山东省钱币学会在临沂地区举办首次钱币学会干部培训班，我有幸陪山东大学考古专业宋百川先生为学员讲授《先秦货币文字分域断代研究例》。其间，承蒙莒县博物馆苏兆庆先生邀请，前往莒县博物馆参观学习。由此，我与莒县的文博事业结下了无尽善缘。1989年秋，吉林大学博物馆专业诸位师友赴莒县博物馆实习，蒙吉林大学段一平教授的美意，得与中国社会科学院考古研究所山东队队长韩榕先生等受聘为校外辅导员，并参与莒县博物馆新馆陈列方案设计和毕业生论文答辩。此间得到莒县博物馆创始人苏兆庆老先生的热忱关爱，我对馆藏文物进行了多次观摩，并聆听苏先生对藏品如数家珍般的讲解，从中受到许多的教益，心底生出对莒文化的无限热爱。同时，与莒县文博界朋友之间的感情可谓与日俱增而历久弥深。

　　记得当时的刘云涛还是翩翩少年，资质韶秀，机敏稳健。苏兆庆先生的率先垂范，不但为刘云涛树立工作上的榜样，而且，他还严厉督导，无论考古调查发掘与资料整理，文物征集与库房庋藏，还是博物馆展陈设计文物布展，甚至接待讲解，都是亲历传授。而云涛先生则是心有灵犀，样样出色，尤其绘制文物线图之精美，捶拓各种拓片之亮丽，以及文稿誊写之清晰整洁，均非常人所能比及。

　　莒文化的博大内涵与显明特色，由考古、古文字和博物馆学家联合一起，经过数代接力传承与不间断地发掘研究，弘扬开拓，迄今已经名闻学术界！而基层博物馆工作者也通过考古研究的实践而得以迅速成长，刘云涛先生则是其中突出的典型。他参与了考古调查与发掘数十次，曾陪同中国社会科学院考古研究所山东队、山东省文物考古研究所、山东大学、吉林大学考古学系等多方面的专家，通过各种形式的实践历练，具备了综合的考古学与博物馆学知识，且对诸位师长心怀恭敬，虚心学习，孜孜不倦！我对其认真学习、迅速成长的经历，印象最为深刻。

　　莒文化是中华文明发展演进历史过程中的典型文化之一，而莒县博物馆则是众多莒文化文物信息载体的渊薮，堪称莒琼元府。收藏宣传与科学研究是博物馆的综合功能，而莒县博物馆数十年的突飞猛进，既得益于地上地下蕴藏的丰厚文物古迹，又得到社会各界的鼎力支持，遂使学术研究与宣传工作开展的风生水起，真可称得上是天时地利人和，这不但在省内，乃至国内外也产生了很大的影响。

此前，苏兆庆先生与刘云涛先生等合作出版了《莒县文物志》《古莒遗珍》《莒史新征》《莒文化与中华文明》等著作，在学术界已经产生极好的影响。同时，还在《考古》《文物》《考古学报》《史前研究》《考古与文物》《东南文化》等著名学术期刊发表考古简报与论文十余篇。尤其是2001年7月，在安徽蚌埠举行的中国先秦史学会第七届年会上，刘云涛先生当选为中国先秦史学会最年轻的理事。其主持编印中国先秦史学会会刊《先秦史研究动态》二十余期，每期十数万字。编校庶务琐碎繁杂，而云涛先生总是殚精竭虑，精益求精；每期还要邮寄到各位会员。对此，中国先秦史学会的领导给予极高的评价，同时，云涛先生也得以广交学界师友，不断地拓宽知识视野。

在各级领导和社会各界鼎力支持下，历经数十年的积累和众人的艰辛努力，莒县博物馆的面积由最初的20平方米到200平方米，再到2000平方米，而今建成的20000平方米气势恢宏的博物馆新馆，遂使12000件（套）文物得以妥善庋藏和科学展示。为弘扬中华文明，注重地方传统文化的发掘与研究，更好的宣传地方历史文化，让文物活起来，让文物说话，云涛先生广泛汲取研究成果，勇于沉潜探索，朝颂雪映帷，夕研萤窥几，叹其风帘摇红，雪窗凝墨，自春序秋，历尽廿年而成新著《莒县博物馆》一书。承云涛先生雅意，将其新著文稿送到知松堂，本人有幸先读为快。古人云：士别三日，当刮目相待，又谓：突飞猛进，一日千里。掩卷思考，云涛先生学术研究上的锐意进取，和博物馆行政工作的风生水起，大幅度的跨越又何止一日千里呢！这是一部内涵丰富的著作，内容主要包括：概述、基本陈列、专题陈列、考古调查与发掘、文物保护与学术研究等十二章。以考古学资料研究为基础，系统阐述莒地莒国、莒文化嬗递发展的历史，莒文化的丰富内涵与特点，莒文化在中华文明多元一体构成格局中的地位，可谓条分缕述、简繁得当、观点鲜明而图文并茂。

我有幸与莒县博物馆结缘近三十年。苏兆庆老先生耄耋之年仍龙马精神，新著《考古发现与莒史新征》刚刚由中国文史出版社出版，承苏老先生雅命，本人为之作序。而今，刘云涛先生年逾不惑即获丰硕成果。岁月如流，时不我待。行文至此，心底不由生出诸多感慨，深深地为刘云涛先生的新作出版表示祝贺！

既承蒙雅意，还忝为师友。欣欣然写出以上文字，权当为序。

2015年6月初稿，8月修订于潍水之湄九龙山知松堂

（孙敬明，中国先秦史学会理事、中国殷商文化学会理事、中国钱币学会学术委员会委、山东文物专家委员会委员、山东省文物鉴定委员会委员、山东大学、烟台大学兼职教授，硕士生导师，山东省博物馆特聘研究员、潍坊市博物馆研究员）

目　录

序 ……………………………………………………… i

壹　文博事业 ………………………………………… 001

第一章　概述 …………………………………………… 002
一　莒县博物馆建制 …………………………………… 002
二　莒文化陈列概述 …………………………………… 004
三　莒地历史沿革表 …………………………………… 006

第二章　基本陈列 ……………………………………… 008
一　"东夷序曲"厅 ……………………………………… 008
（一）根系深远 …………………………………………… 009
1．旧石器时代 …………………………………………… 009
2．细石器时代 …………………………………………… 009
3．北辛文化 ……………………………………………… 009
4．大汶口文化 …………………………………………… 009
5．龙山文化 ……………………………………………… 009
6．岳石文化 ……………………………………………… 009
（二）涵泳万象 …………………………………………… 010
1．鸟图腾崇拜 …………………………………………… 010
2．百工营造繁盛 ………………………………………… 010
3．农耕文明 ……………………………………………… 010
4．酿酒起源 ……………………………………………… 010
5．畜牧渔猎 ……………………………………………… 010
6．制陶精湛 ……………………………………………… 010
7．雕石琢玉 ……………………………………………… 011
8．桑蚕纺织 ……………………………………………… 011
9．针灸医疗 ……………………………………………… 011

10．营建恢弘 …………………………………………… 011
二　"文明曙光"厅 ……………………………………… 011
（一）文明号角 ………………………………………… 012
1．贫富分化 …………………………………………… 012
2．集权首现 …………………………………………… 012
（二）汉字祖源 ………………………………………… 012
1．陶文发现 …………………………………………… 013
2．陶文研究 …………………………………………… 013
（三）城堡建筑 ………………………………………… 013
（四）青铜冶炼 ………………………………………… 013
（五）古代名人 ………………………………………… 013
三　"莒国春秋"厅 ……………………………………… 014
（一）莒国建立 ………………………………………… 014
1．公侯世系 …………………………………………… 014
2．"莒"字演变 ………………………………………… 014
（二）莒国强盛 ………………………………………… 014
1．用鼎制度 …………………………………………… 014
2．经济发达 …………………………………………… 014
3．文化昌盛 …………………………………………… 015
4．军事活跃 …………………………………………… 015
5．会盟诸侯 …………………………………………… 015
6．毋忘在莒 …………………………………………… 015
7．叔文受教 …………………………………………… 016

（三）莒国衰亡 ……………… 016

四 "城阳史影"厅 ……………… 016

（一）两度置国 ……………… 016

1. 西汉时期 ……………… 016

2. 东汉时期 ……………… 017

（二）王公世系 ……………… 017

1. 西汉时期 ……………… 018

2. 东汉时期 ……………… 018

（三）简牍帛画 ……………… 019

（四）冶铁铸造 ……………… 019

（五）货币经济 ……………… 019

（六）漆器工艺 ……………… 019

（七）生活多彩 ……………… 019

（八）丧葬习俗 ……………… 020

（九）赤眉义举 ……………… 020

第三章 专题陈列 ……………… 021

一 "历代石刻"厅 ……………… 021

二 刘勰纪念馆 ……………… 022

三 "现代革命史"厅 ……………… 023

四 "文物遗珍"厅 ……………… 023

五 "书画精粹"厅 ……………… 024

六 "毋忘在莒"厅 ……………… 025

七 其他类厅 ……………… 025

第四章 考古调查与发掘 ……………… 027

一 古遗址 ……………… 027

1. 陵阳河遗址 ……………… 028

2. 大朱家村遗址 ……………… 028

3. 杭头遗址 ……………… 029

4. 小朱家村遗址 ……………… 029

5. 钱家屯遗址 ……………… 029

6. 马庄遗址 ……………… 030

7. 孟家洼遗址 ……………… 030

8. 莒故城铸钱遗址 ……………… 030

二 古墓葬 ……………… 031

1. 东莞大沈刘庄汉画像石墓 ……………… 031

2. 于家沟春秋墓 ……………… 032

3. 大沈刘庄春秋墓 ……………… 032

4. 东莞镇东莞村汉画像石墓 ……………… 033

5. 西大庄周墓 ……………… 033

6. 莒故城春秋大墓 ……………… 034

7. 大朱家村大汶口文化墓葬 ……………… 035

8. 崔家峪春秋墓 ……………… 036

9. 齐家庄汉墓 ……………… 036

10. 浮来山汉墓 ……………… 037

11. 慕家庄子墓地 ……………… 038

12. 小河村墓地 ……………… 038

13. 大薛庄墓地 ……………… 039

第五章 文物保护与学术研究 ……………… 040

一 文物保护 ……………… 040

（一）20世纪80年代前 ……………… 040

（二）20世纪80年代后 ……………… 041

（三）21世纪以来 ……………… 042

二 学术研究 ……………… 044

（一）专著 ……………… 045

（二）论文 ……………… 046

（三）学术活动 ……………… 047

贰 文物精粹 ……………… 051

第六章 陶瓷器 ……………… 052

1. 白陶杯 ……………… 053

2. 白陶单柄鬶 ……………… 054

3. 白陶算状鬶 ……………… 055

4．白陶双柄鬶 ……………………… 056

5．白陶双鋬鬶 ……………………… 057

7．黑陶高柄杯 ……………………… 058

6．黑陶高柄杯 ……………………… 058

8．黑陶单耳杯 ……………………… 059

9．黑陶单耳杯 ……………………… 059

10．黑陶单耳罐 …………………… 060

11．黑陶流口罐 …………………… 060

12．黑陶高领壶 …………………… 061

13．黑陶双耳壶 …………………… 061

14．褐陶双耳壶 …………………… 062

15．褐陶背壶 ……………………… 063

16．灰陶盉 ………………………… 063

17．刻"⚒"形大口尊 …………… 064

18．刻"☺"形大口尊 …………… 065

19．刻"╤"形大口尊 …………… 066

20．刻"ጉ"形大口尊 …………… 067

21．刻"ꔈ"形大口尊 …………… 068

22．黄褐陶鬶 ……………………… 069

23．黑陶甗 ………………………… 070

24．黑陶单耳杯 …………………… 071

25．蛋壳陶杯 ……………………… 071

26．黄褐陶豆 ……………………… 072

27．灰陶簋 ………………………… 073

28．灰陶罐 ………………………… 073

29．灰陶豆 ………………………… 074

30．灰陶罍 ………………………… 074

31．灰陶罐 ………………………… 075

32．灰陶罐 ………………………… 075

33．灰陶罐 ………………………… 076

34．灰陶鬲 ………………………… 076

35．灰陶鬲 ………………………… 077

36．灰陶罐 ………………………… 077

37．灰陶豆 ………………………… 078

38．褐陶罐 ………………………… 079

39．灰陶罐 ………………………… 080

40．灰陶罐 ………………………… 080

41．褐陶壶 ………………………… 081

42．灰陶壶 ………………………… 081

43．灰陶熏炉 ……………………… 082

44．灰陶俑 ………………………… 082

45．印纹原始瓷罐 ………………… 083

46．原始瓷罐 ……………………… 083

47．青瓷双系罐 …………………… 084

48．青瓷双系壶 …………………… 084

49．青瓷双系壶 …………………… 085

50．青瓷双系壶 …………………… 085

51．青瓷长颈瓶 …………………… 086

52．青瓷四系罐 …………………… 087

53．青瓷球形罐 …………………… 087

54．青瓷双系壶 …………………… 088

55．青瓷四系壶 …………………… 089

56．青瓷敛口罐 …………………… 090

57．龙首壶 ………………………… 091

58．青瓷钵 ………………………… 092

59．青瓷钵 ………………………… 092

60．白釉执壶 ……………………… 093

61．青瓷球形罐 …………………… 093

62．白釉印花盘 …………………… 094

63．白釉瓜棱罐 …………………… 094

64．绞胎罐 ………………………… 095

65．白釉划花枕 …………………… 096

66．青釉亚腰枕 …………………… 097

67．三彩枕 ………………………… 098

V

目

录

68. 黑釉钵 …………………………… 099
69. 黑釉剔花罐 ……………………… 099
70. 黑釉双系罐 ……………………… 100
71. 黑釉罐 …………………………… 100
72. 白地黑花罐 ……………………… 101
73. 黄釉罐 …………………………… 101
74. 白地黑花四系壶 ………………… 102
75. 蓝釉瓶 …………………………… 103
76. 白釉梅花杯 ……………………… 103
77. 红釉长颈瓶 ……………………… 104

第七章　玉石器 …………………… 105
1. 玉铲 ……………………………… 106
2. 黄玉铲 …………………………… 107
3. 玉铲 ……………………………… 108
4. 玉钺 ……………………………… 109
5. 连弧刃玉钺 ……………………… 110
6. 白玉璧 …………………………… 111
7. 扁玉琮 …………………………… 112
8. 玉虎 ……………………………… 113
9. 牛首形玉饰 ……………………… 114
10. 龙形玉佩 ………………………… 114
11. 玉璧 ……………………………… 115
12. 玉握 ……………………………… 115
13. 花形玉碗 ………………………… 116
14. 花形玛瑙杯 ……………………… 116
15. 玛瑙洗 …………………………… 117
16. 玉马 ……………………………… 117
17. 双耳玉杯 ………………………… 118
18. 篮形翡洗 ………………………… 118
19. 玉觥 ……………………………… 119
20. 玉带钩 …………………………… 120
21. 龙凤纹玉佩 ……………………… 120

22. 玉带钩 …………………………… 121
23. 玉镯 ……………………………… 121
24. 玛瑙炉 …………………………… 122

第八章　青铜器 …………………… 123
1. 铜鼎 ……………………………… 124
2. 铜簋 ……………………………… 125
3. 铜甗 ……………………………… 126
4. 铜鬲 ……………………………… 127
5. 铜壶 ……………………………… 128
6. 铜匜 ……………………………… 129
7. 龙凤纹铜轵 ……………………… 129
8. 龙纹铜鼎 ………………………… 130
9. 龙纹铜鼎 ………………………… 130
10. 蟠虺纹铜鼎 ……………………… 131
11. 铜鼎 ……………………………… 132
12. 铜鬲 ……………………………… 132
13. 铜敦 ……………………………… 133
14. 莒大叔瓠形壶 …………………… 134
15. 窃曲纹铜罍 ……………………… 135
16. 铜盘 ……………………………… 136
17. 铜匜 ……………………………… 136
18. 铜匜 ……………………………… 137
19. 铜舟 ……………………………… 138
20. 匜形铜舟 ………………………… 138
21. 铜剑 ……………………………… 139
22. 十年洱阳令戈 …………………… 140
23. 后生戈 …………………………… 140
24. 铜鼎 ……………………………… 141
25. 铜鼎 ……………………………… 141
26. 铜龟 ……………………………… 142
27. 铜造像 …………………………… 142
28. 昭明镜 …………………………… 143

莒
县
博
物
馆

vi

29．画像镜 ···················· 144

30．神兽镜 ···················· 145

31．盾形镜 ···················· 146

第九章　金银器 ············· 147

1．金扣饰 ···················· 148

2．金羊面饰 ·················· 149

3．银扣饰 ···················· 150

4．银环 ······················ 150

5．鎏金菩萨像 ················ 151

6．鎏金佛像 ·················· 152

第十章　货币钱范 ········· 153

1．骨贝 ······················ 154

2．石贝 ······················ 154

3．刀币铭范 ·················· 155

4．齐法化 ···················· 156

5．齐返邦𢼜法化 ·············· 157

6．榆荚钱范 ·················· 158

7．五铢钱范 ·················· 159

8．半两钱范 ·················· 159

第十一章　汉画像石 ······· 160

1．拥吻图画像石 ·············· 161

2．车马出行画像石 ············ 162

3．立柱画像石 ················ 163

4．立柱画像石 ················ 164

5．立柱画像石 ················ 165

6．立柱画像石 ················ 166

7．立柱画像石 ················ 167

8．立柱画像石 ················ 168

9．立柱画像石 ················ 169

10．立柱画像石 ··············· 170

11．长方石板画像石 ··········· 171

12．横条石画像石 ············· 172

13．横条石画像石 ············· 173

14．阙门画像石 ··············· 174

15．阙门画像石 ··············· 176

第十二章　书画 ··········· 178

1．赵孟頫行书册页 ············ 179

2．刘重庆草书中堂 ············ 180

3．董其昌行书中堂 ············ 181

4．董诰行书中堂 ·············· 182

5．凌云楷书四条屏 ············ 183

6．程楚楠殿试策 ·············· 184

7．黄慎渔家乐图轴 ············ 185

8．李方膺五鱼图轴 ············ 186

9．张若澄山水手卷 ············ 187

10．张士保博古图 ············· 188

11．海棠蝈蝈图 ··············· 189

12．人物横披 ················· 190

后　记 ························· 191

莒 县 博 物 馆

壹　文博事业

第一章　概述

　　收藏、研究与宣传是博物馆的主要功能。莒县博物馆自创办之初，即践行文物展览为地方文化建设服务的宗旨，经过数十年间积淀发展，文物展览的空间不断扩大，条件逐渐完善。作为综合性地方博物馆，莒县博物馆通过众多的文物载体，辅以生动灵活、科学直观的陈列形式，让文物活起来，让文物可说话，系统连贯地演绎了地方历史文化，使人们更真切地了解莒地悠久的历史、丰富的文化内涵和莒文化在中华文明多元一体构成格局中的地位，从而树立热爱家乡、热爱祖国的崇高理念。

一　莒县博物馆建制

　　莒县博物馆有着辉煌的历史，在山东文博界享有很高的声誉。它的发展历程凝聚了几代文博工作者的智慧和汗水。

　　1976年莒县文物管理所建立之初，面积仅有20平方米；1979年扩大到200平方米和一座小院落，展室、库房、办公条件均十分简陋。经过苏兆庆先生等老一辈文博工作者多年的不懈努力与拼搏奋斗，文管所以弘扬莒文化为宗旨，克服种种困难，不断地征集、发掘文物，藏品从寥寥几件发展到10000余件。在此基础上，苏先生还联合省文博单位的专家、学者对全县的古遗址、古墓葬进行了广泛深入的实地考古调查，取得了丰硕的成果。与此同时，苏先生潜心研究，精心办展，勤奋工作，做出了卓越的贡献，使莒县的文博事业在全省名列前茅。

　　20世纪80年代初，文管所发展为博物馆，在青年路南首酝酿筹建新馆，1985年春奠基，1987年新馆竣工，建筑面积2000平方米，项目总投资40余万元。新馆主体建筑为三层仿古建筑，展厅面积为1500平方米，另有平房10余间，用于办公接待、文物修复、安全保卫等工作。经过多年的考古调查、发掘和征集，莒县博物馆的文物藏品已达到12000多件（套）。特别是刻有图像文字的大口

最初位于浮来路之莒县博物馆

其间位于青年路之莒县博物馆

尊、牛角形陶号、箅状鬶、鸟形双錾鬶等珍品，均被收录在《中国文物精华大辞典》中。藏品的丰富多彩为真正的研究和文物陈列奠定了基础，在吉林大学博物馆专业85级全体师生的共同努力下，"莒国文物陈列"展览于1989年10月1日正式对外开放。丰富的藏品，雅俗共赏的布展，从宏观到微观，对莒地5000年的历史进行了寻觅追踪。整个展览受到了广大观众、专家、学者和领导的一致好评。因此，莒县博物馆当时的馆藏、馆舍、研究水平及影响力均在全省名列前茅，与滕州博物馆、青州博物馆并称山东省三大县级博物馆。1993年6月，原中共中央政治局常委宋平同志回老家参观博物馆时题写了："莒国文化源远流长"。

由于当时的青年路博物馆条件所限，没有专用的文物库房，大量的汉画像石、墓志、造像等文物露天堆积，日晒雨淋，风化严重，与现行的文物保护要求极不适应。

为了更好地保护现有文物，更好地弘扬莒文化，2004年2月，莒县县委、县政府提出"文化树县"战略，这对于文博事业的发展具有重要的现实意义。根据省、市、县各级领导的指示，顺应社会各方面的呼声，将博物馆新建工作列入政府工作议事日程，并安排专人到郑州、南京、洛阳、开封等地进行实地考察、咨询等，学习博物馆建设情况，然后召开县内有关方面的座谈会，邀请省、市、县多位专家、学者进行了充分论证。2007年2月，新馆建设项目正式立项，4月破土动工。此后，从设计论证到基础建设施工，从业务规划到陈列布展，从文物调运到馆舍搬迁，无不倾注了建设者们的心血与汗水。经过大家的共同努力，2009年9月8日，莒县博物馆新馆建成并正式对外免费开放。

新建的莒县博物馆位于振兴东路，坐落于沭河岸边的文化广场东侧，占地28.99亩，地下一层，地上三层，总建筑面积16000平方米。该工程由山东省建筑规划设计研究院设计、日照通力建设集团有限公司承建，项目总投资8000万元人民币。新馆造型古朴、雄浑大气，是莒县标志性的公共建筑之一。

如今位于振兴路之莒县博物馆

　　30年间，莒县博物馆跨越了三大步：规模不断扩大、馆藏不断丰富、功能不断拓展。这也充分显示了国家、省、市、县各级领导对文博事业的重视。这不仅是过往岁月的结晶，更是迈向新辉煌的开始。

　　莒县博物馆是县级大型博物馆，被评定为国家二级馆、山东省十佳博物馆。馆藏文物12000多件（套），藏品种类多样，其中以各个历史时期的陶瓷器、玉石器、青铜器、金银器、画像石刻、货币、钱范、玺印、书画等最具特色。

　　馆内共有13个展厅，展陈由基本陈列、馆藏精品展览和临时展览三大部分组成，分别是"历代石刻""刘勰纪念馆""现代革命史""东夷序曲""文明曙光""莒国春秋""城阳史影""文物遗珍""书画精粹"和"毋忘在莒"等10个展厅。另设有多媒体、多功能厅和贵宾接待室。

　　莒县博物馆本着藏品立馆、学术立馆、业务立馆的办馆方针，集文物收藏、保护、研究、展陈和宣传为一体，其空间和设施不仅能满足基本陈列和临时展览，同时还可举办学术报告和研讨会议。

二　莒文化陈列概述

　　莒地历史悠久，是中国文明的发祥地之一。数十万年以前，莒之先民就繁衍、生息在这片广袤的土地上，创造了辉煌的古代文明。

　　莒氏在古代是一个强大的部族，长期活动在鲁东南近海地区的沂河、沭河、潍河、泗水等流域。这里是我国东方濒海地区海洋文化发祥地带，也是先周时期莒氏活动、建国的区域。其发达的莒文化，成为东夷民族文化的典型代表。

　　考古资料证明，约在中生代第四纪中期，莒地已是植物茂盛、哺乳动物繁盛、古人类繁衍的地方。

　　距今约50万~40万年前的"沂源猿人"即是东方夷人的祖先，集中分布在沂沭河中上游地区几十万年前的旧石器文化，为研究华北、华东和东北地区的文化关系增添了新资料；在沂水、莒县、莒南、日照、临沭、临沂等地发现的一批细石器文化遗存，距今2万～1万年，其文化内涵丰富，为探讨中国旧石器时代向新石器时代过渡以及河谷文化缘起，提供了弥足珍贵的资料。进入新石器时代，莒地史前文化自成体系，众多的北辛文化、大汶口文化、龙山文化遗址分布在莒地山前平原与河谷地带，最密集者当数今莒县和日照东港区，仅莒县就已普查出新石器时代遗址120处。著名的遗址有莒县陵阳河、大朱家村、杭头遗址，东港区两城，岚山区尧王城，五莲丹土，胶县三里河，安丘景芝，诸城前寨、呈子和临沂大范庄等。

1973年和1975年两次发掘东海峪遗址揭示的地层关系，提供了大汶口文化向龙山文化过渡的首例地层依据，证明两者同属一个文化谱系。龙山文化"黑如漆、明如镜、薄如纸、硬如瓷"的蛋壳陶，是原始制陶技术发展的巅峰标志，是东夷文化的典型代表。莒文化面貌既有与周边地区的共性，更有地方特色。1988～1994年在莒城东的塘子、马庄两处遗址发现发掘的岳石文化，把夏代东方考古、夷夏和夷商关系及其状况的研究推向了一个新的阶段。

据张学海先生研究分析，莒文化有几十万年的文化根系、上万年的文明起步，是历史发展没有中断的区域文化。由此证明，莒地无疑是中华文明的重要发祥地之一。

莒乃少昊之后，属东夷古国，最早见于殷墟甲骨文，据考，商代繁衍于沂沭流域，周为莒国，降至两汉为城阳国。虽多次易宗别主，但仍属少昊之后。鸟是少昊族的图腾之神，少昊族以鸟名官，莒地出土的大量鸟形器就是最好的物证。

莒地先民自古就有对太阳、大山崇拜祭祀的习俗，至今依然。他们最早掌握了用山头日出来确定春秋二分、夏冬二至的方法，并把天象与农时联系起来，使莒地史前农耕文化和渔猎、酿酒业得以繁荣发展，并对后期农业发展产生了深远的影响。

莒县陵阳河、大朱家村、杭头等遗址出土的陶器大口尊，刻有8种类型20余个陶文单字，既是祭祀的反映，亦是农业生产高度发展的标志，对探讨中国古代文明、汉字起源与祭祀有着独特的意义，引起海内外历史、考古、古文字、美术等学界的极大关注。另外，在莒县陵阳河、钱家屯，日照尧王城、两城，五莲丹土等遗址发现的古城址遗迹和出土的龙山文化时期的青铜工具，证明了莒地文明之光早在5000年前的原始社会就已经熠熠生辉、影响深远。莒自商周受封以来，偏居"夏东"，延续近千年，形成了颇具地域特色的青铜文化，出土的一大批有铭青铜器，为周代莒国重要文化遗存。

莒故城是三代古国的国都，位于今莒县城区。故城由大、小城组成，面积约25平方公里，大段城垣犹存，至今仍然雄伟壮观。城内冶铁、铸铜、铸钱、制陶作坊遗迹历历在目。宏伟的莒国城池，是当年莒国富足强盛的见证。

通过全国第三次文物普查，迄今为止，仅在莒县就已发现古遗址、古墓葬（群、点）798处，其中已公布国家级重点文物保护单位3处、省级重点文物保护单位10处、市级重点文物保护单位13处、县级重点文物保护单位165处。莒县境内古冢垒垒，多为周代、汉代国君和贵族墓葬，其知名者有莒国第一代国君兹与期之墓、汉城阳国开国君主刘章之墓。这些墓葬均依山势高起垄冢，势如山陵，虽经百代，至今仍巍然屹立。

莒县地上、地下文物浩如烟海，珍品连年层出不穷，源源不断地充实着馆藏。其中大口尊、鸟

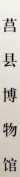

大型壁画

形双錾鬶、箅状鬶、牛角形陶号等大量文物，充分展示了莒之先民的聪明才智，并以其独特的地域文化特色见称。

举办莒文化陈列展览，是力求直观地反映出莒文化源远流长的历史脉络和其博大精深的文化内涵，让广大观众更好地了解莒文化，了解我们祖先在这片古老土地上辛勤耕耘留下的丰厚物质文化遗产，从而激励其自强、自立、自尊、自信精神，重振民族雄风，发奋图强，再创新的辉煌。

大型陶质壁画位于博物馆一楼大厅中央，与地面"沿革之路"相结合，象征着莒文化开启了人类早期文明的大门，并在历史长河中起着重要作用，以此拉开莒文化陈列的序幕。

三 莒地历史沿革表

数十年的文物考古和探索研究，是"莒文化"得以命名确立的最主要依据。经过近百年的金石学探讨与考古调查发掘研究，莒文化得以在中国历史考古学界确立，遂使其在海岱区域成为与齐、鲁鼎足三分的重要区域文化。这不仅是中国考古学术发展强有力的见证，而且更使世人对莒文化的发展、内涵与对中华文明的贡献等有了初步的了解。同时，浩如烟海的传统文献以及地下出土文献，也为莒文化发展延续的历史提供了坚实有力的科学证据，可谓既有考古学的充分依据，又有历史文献学的雄厚基础。

时　代	名　称		备　注
旧石器时代	距今约40万～1万年		沂沭旧石器、细石器文化
新石器时代	前10000～约前3000年	莒地氏族、部落	沂沭细石器文化，莒地北辛、大汶口、龙山文化
古国时代	约前3000～前2070年	莒地东夷古国	莒地大汶口、龙山文化
夏代	前2070～前1600年	莒州	莒地岳石文化
商代	前1600～前1046年	莒国等东夷古国	莒地岳石文化、莒文化
周代	前1046～前256年	莒国等	莒文化
秦代	前221～前206年	莒县	属琅琊郡
西汉	前206～25年	城阳国	属兖州刺史部
东汉	25～220年	城阳国（琅琊郡）	属徐州刺史部
三国魏	220～226年	莒县	属城阳郡
西晋	265～317年	城阳郡	初属青州，后属徐州
刘宋	420～479年	东莞郡	属徐州
元魏	386～543年	东莞郡	属南青州
北齐北周	550～581年	东莞郡	属青州
隋代	581～618年	莒县	属琅琊郡
唐五代北宋	618～1127年	莒县	属密州
金代	1115～1234年	莒州	属山东东路
元代	1271～1368年	莒州	属益都路
明代	1368～1644年	莒州	属青州府
清代	1644～1911年	莒州	属沂州府

第二章　基本陈列

基本陈列分布在二楼主展馆，由"东夷序曲""文明曙光""莒国春秋""城阳史影"四部分组成。该陈列面积约2000平方米，按照莒文化发展脉络，上溯远古，下迄汉代，将莒地古代辉煌成就的文化浓缩为最闪亮的光点，通过莒地所出土的千余件文物精品，以形象的语言予以展示。

本陈列在内容上融科学性、艺术性、趣味性为一体。

琳琅满目而又精美的文物，使观众在赞叹中感悟莒地先民所创造的古代文化的辉煌；沙盘、景观、多媒体，使观众由对文字说明的抽象理解转化为生动的直观感受，在参观中思考并增长新的知识。

二楼展区一角

一　"东夷序曲"厅

"东夷序曲"厅设置于二楼主展馆东南侧。

东夷是我国东方濒海地区的古老民族，是中华民族的重要组成部分，而莒地先民则是其中重要的一支。

在远古时代，他们就创造出灿烂的文化，留下了丰富的文化遗存。陵阳河、大朱家村、杭头、塘子等遗址出土的数以千计的文物证明，莒地是东夷文化的中心，率先吹响了向文明社会迈进的号角。

东夷序曲厅

（一）根系深远

莒地旧石器、细石器以及新石器的北辛、大汶口、龙山、岳石等各时期的文化遗存都有大量文物出土，构成了莒地文化发展的基本序列。这几种文化的深刻内涵，从不同侧面展示了远古文化的概貌，反映出莒地历史发展的连续性，其文化脉络清晰，序列发展分明。

1．旧石器时代

旧石器时代，距今约40万～1万年。莒地出土的猿人化石、动物化石和大量的旧石器文化遗存，证实了早在远

东夷序曲厅—狩猎景观

古时代就有人类在莒地生存，谱写了莒地史前最古老的文化篇章。

2．细石器时代

细石器时代，距今10000余年。莒地出土的细石器，以打制小型刮削器为主，说明当时的先民已能用简单的打制石器从事采集和狩猎。而弓箭的使用，是当时生产力发展的重要标志。

3．北辛文化

北辛文化，新石器时代早期文化类型，距今7300～6100年，因发现于山东省滕州市北辛遗址而得名。它是一种以夹砂黄褐陶为特色的文化遗存，其遗存在莒县后果庄等地均有发现。这个时期，陶器的出现既是人类早期的一大发明，也可看作是人类对自然界的征服，又是社会进步的重要标志。

4．大汶口文化

大汶口文化，距今6100～4600年，是黄河下游地区新石器时代中晚期文化类型，因发现于山东省泰安市大汶口遗址而得名，主要分布在山东、苏北地区。这个时期生产工具主要为石斧、石铲、石刀、鹿角锄等，生活用具为觚形器、鼎、豆、盉、壶、罐、高柄杯等陶器，体现了社会生产力在工具的不断改进中发展。

5．龙山文化

龙山文化，距今约4600～4000年，是黄河中下游地区新石器时代晚期的文化遗存，因首先在山东省章丘市龙山镇发现而得名。其社会经济更加发达，集中出现在莒地的蛋壳陶，将原始制陶技术推向巅峰。蛋壳陶造型优美，质细而薄，有"黑如漆、薄如纸、明如镜、硬如瓷"的美誉，是龙山文化的典型代表器物。

6．岳石文化

岳石文化，距今4000～3300年，相当于中原地区的夏文化。因最早发现于山东省平度市东岳石村而得名。它是龙山文化之后的又一地域性文化，分布范围大体与龙山文化相同。莒县塘子遗址出土的岳石文化时期的陶器，造型独特，纹饰别致，在山东尚属首次发现。

（二）涵泳万象

1. 鸟图腾崇拜

图腾崇拜是一个氏族的标志，在原始社会，人们常把某种动物或植物神化为其始祖的形象，对其崇拜与祭祀，它是人类社会早期的宗教信仰。

《左传》载：昭公十七年，郯子提及其祖以鸟名官时说："我高祖少皞挚之立也，凤鸟适至，故纪于鸟，为鸟师而鸟名：凤鸟氏，历正也；玄鸟氏，司分者也……祝鸠氏，司徒也；睢鸠氏，司马也……五鸠，鸠民者也，五雉为五工正，利器用、正度量，夷民者也。九扈为九农正，扈民无淫者也。"（杨伯峻：《春秋左传注》，中华书局，2009年）《大戴礼记·五帝德》载："东长鸟夷、羽民。"（[清]孔广森：《大戴礼记补注》，中华书局，2013年）由此可知，东夷族莒人崇拜的图腾是凤鸟。

2. 百工营造繁盛

在新石器时代中晚期，莒地原始经济和文化已达到相当高的水平。莒之先民在长期的生产实践中观察天象，确定了春秋二分的原始历法，并据此安排农事，使农业向科学化迈进了一大步。同时，制陶、营建、酿酒、玉石加工、畜牧渔猎、桑蚕纺织等手工业很发达，原始医学也开始萌芽。

3. 农耕文明

以陵阳河为中心的众多遗址出土了磨制精细、种类繁多的农业生产工具及形体硕大的储粮罐，还有稻谷，说明随着农业的发展，粮食已出现了剩余。陶尊上有关春秋二分时的日出图像，则反映了莒地先民已知按时令耕作。

4. 酿酒起源

随着农业发展，粮食有了剩余，酿酒业随之兴起。陵阳河遗址出土的成组（套）酿酒器皿，表明大汶口文化时期莒地酿酒业已经产生。

5. 畜牧渔猎

农业发展，使得粮食有了剩余，也促进了畜牧业的发展。陵阳河遗址大量的猪下颌骨殉葬证明畜牧已进入到家畜饲养阶段，昭示了人类生活正从采集渔猎的方式向农业种植和家畜饲养的方式迈进，这是社会的一大进步。

6. 制陶精湛

莒地制陶业十分发达，陶器品种多样，造型丰富，制作工艺涵盖了从手制到轮制的发展过程。快轮制陶是当时技术上的一次飞跃，在烧制技术上已能控制炉温，烧制出红、白、灰、黑不同颜色的陶器。特别是蛋壳陶的出土，证明

东夷序曲厅—酿酒景观

东夷序曲厅—雕石琢玉

莒地制陶技术高超，在整个中华史前文化中处于遥遥领先的地位。制陶的专业化，促进了人类社会的第二次大分工。

7. 雕石琢玉

陵阳河、大朱家村、杭头等遗址出土的大量玉石器，反映了莒地先民高超的玉石器加工技术。玉石器磨制和陶器出现是新、旧石器时期的分界线。这个时期，切割、管钻、透雕、镶嵌和抛光技术已广泛使用。陵阳河、杭头遗址出土的坛形玉片、扁方形玉琮都是少见的精品。

8. 桑蚕纺织

杭头、大朱家村遗址出土的加工细致的骨针和纺轮证明，莒地先民早在四、五千年以前就已开始养蚕抽丝、发展纺织业，这也是社会的一大进步。

9. 针灸医疗

陵阳河、大朱家村、杭头、仕阳、小河村遗址出土的砭石是迄今发现最早的医疗器具。《黄帝内经·素问·异法方宜论》载："东方之域，天地之所始生也。鱼盐之地，海滨傍水，其民食鱼而嗜咸，皆安其处，美其食。鱼者使人热中，盐者胜血，故其民皆黑色疏理，其病皆为痈疡，其治宜砭石。故砭石者，亦从东方来。"（《黄帝内经·素问》，人民卫生出版社，1979年）莒地砭石的发现，为这段记述提供了有力的佐证。

10. 营建恢弘

莒地发现多处大汶口、龙山文化时期的大型聚落和城堡，有高耸的城垣和环壕，有圆形、方形和长方形成排的房屋建筑。施工中，人们运用了挖地槽、夯筑台基、铺散水、立木柱、砌土坯等先进的建筑技术，反映出当时的社会发展又迈进了一个新阶段。

二 "文明曙光"厅

"文明曙光"厅设置于二楼主展馆西南侧。

文字、城堡、青铜器是人类由蒙昧进入文明的重要标志。陵阳河、大朱家村、杭头遗址出土的陶文，已被考古、古文字

文明曙光厅

学界公认为是汉字的祖型；在陵阳河发现大汶口文化城堡，钱家屯、两城、尧王城、丹土发现龙山文化城堡；在莒文化分布范围内多处遗址出土了青铜器。人类早期文明的三大要素均在莒地出现，说明距今四、五千年以前，文明曙光就已经从东方冉冉升起了，最早迎接日出的莒地，无疑是中华文明的重要发祥地之一。

（一）文明号角

陵阳河遗址M19墓主人是极有地位的氏族首领，其头部有石钺，钺是权力的象征，手部有骨柄，腰挎陶质牛角形号。用以召集氏族成员统一行动的原始号角，在新石器考古中尚属首次发现。大汶口文化晚期，莒地先民就已率先吹响了进入文明社会的号角。

1. 贫富分化

陵阳河、大朱家村遗址的墓葬形制有大有小，并且分区埋葬，殉葬品也多寡不一，多者达200余件，少者则几件。猪头骨系财富象征，大型墓葬殉有30多件，中型墓仅几件，小型墓葬一件也没有，这正是当时社会贫富分化的真实写照，而贫富分化加速了阶级社会的到来。

2. 集权首现

随着生产的发展，财富有了剩余，私有观念逐渐产生。以掠夺财富为目的的氏族部落战争渐趋激烈，军事首领在战争中应运而生，逐渐加强自身权力，集氏族政治和军事领导权于一身。战争和集权阶层的产生促进了社会的变革。

（二）汉字祖源

莒地陵阳河、大朱家村、杭头等遗址出土的形制硕大的大口尊，外壁上方多刻有图像文字。目前已发现的共有8种类型，20个单字。其中尤以"🗿"为重要。在陵阳河、大朱家村遗址的正东方，

文明曙光厅—汉字祖源

分别耸立着寺崮山、屋楼崮两座山峰，每年春分、秋分时节，早晨的太阳从峰顶上冉冉升起，就会依稀呈现""形景象。专家、学者公认这些陶文是汉字的祖型。

1．陶文发现

陵阳河、大朱家村、杭头三大遗址迄今已发现陶文8种类型，20个单字。8种类型分别为"⛱""🔫""🔨""☉""🌿""◇""〰""┃"，其中"⛱"类有六式之多。

除莒地外，诸城前寨、泰安大汶口以及安徽蒙城尉迟寺等地也相继出土类似的陶文，数量虽少，也充分证明这些文字在当时已被社会普遍认知。

其他地区出土的陶器符号，与汉字的雏形相差甚远，只有莒地出土的陶文才是汉字的雏形。

2．陶文研究

莒地出土的图像文字蜚声中外，并已成为中外古文字、历史、考古、天文、美术等学界争相研究的课题，诸多专家学者纷纷撰文立说，一致认为莒地出土的图像文字是汉字的雏形。最早迎接日出的莒地无疑是中华文明的重要发祥地之一。

刻有图像文字的大口尊均出土于大型墓葬中，都放置在墓主人的头部或足下，陶文多刻在陶尊上部，且有涂朱者，其应是祭祀的礼器。

莒地已出土的20个陶文中，部分已能释读。其释文为：

"⛱"字：吉林大学于省吾先生释为"旦"字，即早晨太阳从山巅之上升起、宛然若绘的旦明景象。

"🔫"字：故宫博物院唐兰先生释为"钺"字，系权力的象征。

"🔨"字：故宫博物院唐兰先生释为"斤"字。

"🌿"字：清华大学李学勤先生释为"皇"字。

"┃"字：清华大学李学勤先生释为"丰"字。

"〰"字：安徽大学何琳仪先生释为"肜"字，系多次祭祀之意。

（三）城堡建筑

城堡建筑是人类早期文明的重要标志。大汶口文化时期，濒海莒地就已是最早出现城堡的地区，这充分证明当时莒文化走在人类文明的前列。

（四）青铜冶炼

青铜器是人类早期文明的三要素之一，莒地多处遗址出土青铜器具或铜渣，反映了莒之先民当时已掌握了青铜冶炼与铸造技术。

（五）古代名人

莒地物华天宝，地灵人杰，自古名人辈出而影响深远，诸如尧、舜、禹和东夷首领蚩尤，据典籍与史书记载，他们出生及活动的地域主要在今莒文化分布范围之内。

三 "莒国春秋"厅

"莒国春秋"厅设置于二楼主展馆西北侧。

莒，嬴姓，少昊之后。商代立国，周代褒封。自西周初年至春秋战国，其政治、军事十分活跃。莒地处大国前沿，周旋于列强之间，屡次会盟，连年征战，常与齐、鲁争雄角逐，是山东境内林立邦国中的佼佼者。与此同时，莒人创造了独具特色的青铜文化，为中华文明史增添了光辉的一页。

莒国春秋厅

（一）莒国建立

莒，是东夷族莒人早在商代就已建立起来的土著国家，至周武王褒封少昊之后兹与期于莒，历春秋战国约30传，仅两周时代莒国就存在近700年之久。

1. 公侯世系

周代封国分公、侯、伯、子、男五级，出土文物和史料记载证明，莒行公侯礼，国君称公，其世系如下：

兹与期（一世）—兹丕公（十一世）—纪公庶其—厉公季佗—渠丘公朱—犁比公密州—展与—著丘公去疾—庚与—郊公—共公狂

2. "莒"字演变

举叔（虘）—（商虘）—（西周虘）—（春秋簹）—（战国鄘、簹）—（汉筥）—莒（今）

（二）莒国强盛

"戢戢雍雍，闻于夏东。"是莒叔之仲子平钟的一句铭文，记载了兴起于东方的莒国，春秋战国时期国力强盛，闻名于华夏之东方的史实。莒国多次参与中原会盟，对平衡晋、楚、齐、鲁各大国间的政治、军事力量起着相当重要的作用。

1. 用鼎制度

鼎，原本是烹煮肉食、实牲祭祀和宴飨的食器，后逐渐成了奴隶主贵族用以别上下、明贵贱的重要礼器。周礼中，九鼎为天子之制，七鼎为诸侯之制，卿大夫五鼎，士三鼎或一鼎。莒地天井汪出土的七鼎，说明莒国沿用周礼，采用诸侯之制。

2. 经济发达

莒地出土大量"莒刀""齐刀"币，反映了莒地货币流通之一斑。特别在莒故城内发现铸钱遗址，出土了大量的刀币范，说明莒地当时已自行铸币，具有相当的经济实力。

3. 文化昌盛

莒地青铜文化十分发达，且独具地方特色。已出土的铜器数量多达200余件，铜器多有铭文，莒叔之仲子平钟刻有"戢戢雍雍，闻于夏东……"等铭文。莒地铜器纹饰繁多，主要有夔纹、饕餮纹、蟠螭纹、凤纹、勾连雷纹等。天井汪出土的铜罍，其盖为伞状，肩部饰绳纹，周身夔纹，器形与纹饰颇具楚国风格，由此可见春秋列国之间文化交流之一斑。

4. 军事活跃

莒地处海域，经济发达，国力强盛，常与大国争雄角逐。莒人入向，伐杞取牟娄，伐郑灭鄫，莒鲁争郓，不断扩张疆域，足见莒国的军事活动十分活跃。鲁襄公二十三年且于之战，莒人伤齐将杞良，杞良妻孟姜女哭夫十日，齐城墙轰然崩塌，孟姜女投河而死，此为孟姜女哭长城故事的由来。后来人们出于对暴君的憎恶，便把这个故事附会到300年后的秦始皇身上去了，世代误传至今。

5. 会盟诸侯

春秋战国时期，诸侯之间为统一行动而聚会结盟，莒国屡与齐、鲁、宋、蔡、郑、卫等诸侯会盟，仅有记载者就达30余次。如《春秋》载：鲁隐公八年，"公及莒人盟于浮来"（杨伯峻：《春秋左传注》，中华书局，2009年）。这都反映了莒国在当时的地位和外交策略。

6. 毋忘在莒

因莒国力强盛，附近国家的贵族或国君失势时，便出奔莒国，寻求保护。鲁隐公八年（前686年）齐公子小白因齐国内乱而奔莒，后回国继位，成为春秋第一霸主齐桓公后，仍不忘在莒避难。这便是

莒国春秋厅—文化昌盛

莒国春秋厅—军事活跃

莒国春秋厅—莒鲁会盟景观

"毋忘在莒"的故事。

7. 叔文受教

莒国之所以强盛，除了其经济发达外，也离不开国人正确的思想教育。"叔文相莒，三年归，其母自绩，谓母曰：'文相莒三年，有马千驷，今母犹绩，文之所得事，皆将弃之已。'母曰：'吾闻君子不学《诗》《书》、射御，必有博塞之心；小人不好田作，必有窃盗之心；妇人不好纺绩织纤，必有淫泆之行。好学为福也，犹飞鸟之有羽翼也。'"（[宋]王应麟：《困学纪闻》，上海古籍出版社，2008年）从这个故事可见莒人当时对思想教育的重视程度。

（三）莒国衰亡

春秋末，莒国墓葬殉人、以人试剑等残酷统治，导致奴隶起义、平民暴动，加之与诸侯国之间矛盾日益加剧，征战频繁，国力渐衰，最后内外交困。前348～前343年之间，终为强国所灭，沦为齐地。

莒虽国亡，所留城池仍固若金汤，《战国策·齐策》载："燕攻齐，取七十余城，唯莒、即墨不下。"（诸祖耿：《战国策集注汇考》，凤凰出版社，2008年）由此可见莒城之坚。

四　"城阳史影"厅

"城阳史影"厅设置于二楼主展馆东北侧。

汉代，莒地为城阳国，莒城简牍文书、铁器、货币钱范、漆器、玉器、金器、日用陶器和铜器、建筑用陶、随葬冥器、金缕玉衣和汉画像石等大量珍贵文物的发现，表明莒在汉代仍是东南沿海地区的一大政治、经济、文化中心。

城阳史影厅—刘章上朝景观

（一）两度置国

西汉文帝前元元年（前179年）初置城阳国，设四县，莒为首县；二年封刘章为城阳王，都莒。东汉光武帝建武二年（26年）复置城阳国，封刘祉为城阳王。其城阳记事如下：

1. 西汉时期

文帝前元元年（前179年），初置城阳国。

文帝二年（前178年），三月乙卯，立悼惠王子朱虚侯刘章为城阳王，都莒。

文帝四年（前176年），城阳王薨，子喜立。

文帝十二年（前168年），城阳王喜徙淮南，城阳郡属齐。

文帝十五年（前165年），复置城阳国。

文帝十七年（前163年），淮南王喜复徙城阳。

景帝前元三年（前154年），拜谒者仆射邓公为城阳都尉。吴王濞反，北略城邑，破城阳。

景帝后元元年（前143年），城阳王喜薨，顷王延嗣。

武帝元朔三年（前127年），春正月，梁王城阳王清以邑分其弟，诏许之。

武帝元狩六年（前117年），城阳王延来朝薨，敬王义嗣。

武帝元鼎五年（前112年），秋九月，尝酎列侯百有六人皆夺爵，城阳十七人与焉。

武帝元封三年（前108年），城阳王义薨，惠王武嗣。

武帝天汉四年（前97年），城阳王武薨，荒王顺嗣。

宣帝甘露三年（前51年），城阳王顺薨，戴王恢嗣。

元帝永光元年（前43年），城阳王恢薨，孝王景嗣。

成帝鸿嘉二年（前19年），城阳王景薨，哀王云嗣。

成帝永始元年（前16年），复立云俚为城阳王。

新莽天凤五年（17年），樊崇起义于莒，转入泰山，还攻莒不下，转掠至姑幕。

新莽地皇三年（22年），夏四月，樊崇引兵十余万围莒，寻解去。

2. 东汉时期

光武帝建武二年（26年），封刘祉为城阳王。

光武帝建武五年（29年），耿弇引兵至城阳，降王校。

光武帝建武十一年（35年），城阳王刘祉薨，谥曰恭王，竟不亡国，葬于洛阳北邙。

光武帝建武十三年（37年），省城阳国，属琅琊封祉嫡子平为蔡阳侯，平弟为高乡侯。

光武帝建武十五年（39年），封子京为琅琊公。

光武帝建武十七年（41年），封子京为琅琊王。

明帝永平五年（62年），琅琊王京就国，都于莒。

桓帝延熹三年（160年），琅琊贼劳丙、泰山贼叔孙无忌攻陷琅琊属县，屯于莒，讨寇中郎将宗资讨平之。

献帝建安元年（196年），萧建为琅琊相，治莒，与吕布通臧霸袭破之。布自将兵向莒，击臧不克。

献帝建安四年（199年），曹操获吕布，擒臧霸等，操厚纳待，遂割青、徐二州附于海以委焉，分琅琊、北海、东海为城阳、利城、昌虑郡。

（二）王公世系

西汉城阳国，自刘章至刘云，传9世，历时188年；东汉城阳国，自刘祉至刘熙，传7世，历时192年，前后共传16世，近400年。其王公世系如下：

1. 西汉时期

城阳景王刘章

文帝二年（前178年），封城阳王，都莒，二年薨。

二世共王刘喜

文帝四年（前176年）嗣，凡二十三年薨。

三世顷王刘延

景帝后元元年（前143年）嗣，二十六年薨。

四世敬王刘义

武帝元狩六年（前117年）嗣，九年薨。

五世惠王刘武

武帝元封三年（前108年）嗣，十一年薨。

六世荒王刘顺

武帝天汉四年（前97年）嗣，四十六年薨。

七世代王刘恢

宣帝甘露三年（前51年）嗣，八年薨。

八世孝王刘景

元帝永光元年（前43年）嗣，二十四年薨。

九世哀王刘云

成帝鸿嘉二年（前19年）嗣，一年薨，无子国绝。

成帝永始元年（前16年），复立云兄刘俚为城阳王。历二十五年，王莽篡位，贬为公，明年废。

2. 东汉时期

城阳恭王刘祉

光武帝建武二年（26年）封，十一年薨，子降为公，国除。

琅琊孝王刘京

光武帝建武十五年（39年）封琅琊公。建武十七年（公元41年），晋爵为王，都莒，三十一年薨。

二世夷王刘宇

章帝建初七年（82年）嗣，立二十年薨。

三世恭王刘寿

安帝永初七年（113年）嗣，立十七年薨。

四世贞王刘尊

安帝延光三年（124年）嗣，立四十七年薨。

五世安王刘据

顺帝永和五年（140年）嗣，立四十年薨。

六世顺王刘容

灵帝中平二年（185年）嗣，立凡八年薨。

七世王刘熙

献帝建安十一年（206年）立，凡十一年，坐罪诛，国除。

（三）简牍帛画

莒地临沂出土的汉代竹简和帛画，不仅为研究古代历史文化提供了宝贵资料，而且对探讨近两千年聚讼未决的《孙子兵法》著者问题具有重大意义，并对莒地书画艺术的研究有重要价值。

（四）冶铁铸造

汉代莒地铁器已普遍应用于社会生产和生活的各个方面。铁器和牛耕的普遍使用，大大地促进了农业生产。据《汉书·地理志》载，汉代城阳国设铁官，由官府经营冶铁业。莒地出土的大量铁范和石范，可反映当时冶铁铸造的兴旺。

（五）货币经济

汉代城阳国商品经济较为发达，五铢钱、榆荚钱在莒地均有大量发现，尤其莒地出土大量的陶范、石范，说明莒地在汉代曾是重要的货币铸造地。

城阳史影厅—生活多彩

（六）漆器工艺

汉代是漆器手工业的黄金时代，精美耐用的漆器是当时珍贵的日用器物。临沂银雀山和金雀山、日照海曲汉墓出土的刻有"莒""莒市""莒盦"等文字的完整漆器和莒故城、宅科出土的漆片，证明莒地在汉代是城阳国官府经营的漆器制造地。

（七）生活多彩

社会经济的繁荣使汉代人的生活丰富多彩。考古发现，莒地建筑用陶大量出土，日用陶瓷、铜器及生活饰品更加多样，充分显示了当时的生活景象。

城阳史影厅—生活多彩

（八）丧葬习俗

汉代重孝悌，王符《潜夫论·务本》言当时"崇饰丧纪以言孝，盛飨宾客以求名"（[清]汪继培：《潜夫论笺校正》，中华书局，1985年）。厚葬、崇玉、大量随葬冥器成为一种社会风俗而盛行。这一点从莒地出土的汉画像石、金缕玉衣、陶俑等足以证实。

（九）赤眉义举

西汉末年，王莽篡权，"复古改制"失败使社会危机进一步加强。公元18年，樊崇在莒城起义，远近饥民纷纷响应，一年间，义军就发展到万人。为了在战斗中便于分清敌我，他们将眉毛涂成红色，因此而得名"赤眉军"。赤眉军以泰山为根据地，曾多次打败官军，最后攻入长安，与绿林军一起推翻了王莽政权。

城阳史影厅—赤眉义举景观

第三章　专题陈列

　　莒文化历史悠久而内涵丰富，可谓是绵延无尽而博大精深，既有漫长的史前发展史，同时，进入人类文明社会以来，又有其在海岱地区环境下形成的特色文化。如肇自汉代的石刻雕塑，不仅取用当地的泰沂山脉贞珉良材，整削锯断，刮垢磨光，精于设计而用心雕造，而且内容丰富多彩，无尽曼妙。既有汉画府藏，地宫粉垩，高浅雕镂，铁线勾勒；亦有群体雕塑，相映成趣。

　　魏晋时期，莒文化进入充分发展与广为传播的历史阶段。东莞郡的设置，是历史文化传承的延续，其所统辖的区域，已经深深延入旧有齐文化的腹心地带。同时，南北文化撞击交融，世家氏族迁徙游离，从而丰富和扩大了莒文化的内涵与影响。刘勰的《文心雕龙》就诞生于这一历史时期。

　　莒地文化不但包含辉煌灿烂的古代历史，而且还包含波澜壮阔的近现代历史。在民主革命时期、抗日和解放战争以及社会主义文明发展建设时期，也有风起云涌、惊心动魄的历史画卷。

　　莒文化的历史文物，可谓万千气象，包容古今。无论任何历史时期，何种材质与载体，俱是琳琅满目，美不胜收。玉石器的晶莹润泽，玺印合符的历史信息，佛教造像的无尽曼妙，砚台笔墨的精良华滋，陶瓷制品的流光溢彩，都给人们留下极深的印象。

　　从原始社会开始，莒地先民即创造了图画与文字，经过上万年的积淀发展，莒文化的翰墨丹青更是传承历史余脉，厚积而薄发，引领山左书画艺苑之风骚。

　　春秋时期莒国实力雄厚，成为海岱区域的军事文化强国，其与齐、鲁、晋、郯、滕、薛、吴、楚互为姻娅，屡屡参与大国盟会。当其之时，社会变革急剧，列国内乱纷纭，君臣父子弑杀无常，避难者如丧家之犬出奔逃亡，而莒国则成为列国避难之一隅。当年齐桓公避难在莒，卧薪尝胆，艰难不易，而终究成其霸业，故有"毋忘在莒"之典故。

一　"历代石刻"厅

　　"历代石刻"厅设置于一楼西北侧。

　　石刻艺术是中华民族文化遗产的重要组成部分。莒地发现的古代石刻数量多，内容丰富，有深沉宏大的画像石、源远流长的碑刻墓志、庄严肃穆的陵墓石雕及佛道造像等，种类繁多，历代皆有，尤以汉画像石最为辉煌。画像石兴于西汉晚期，盛于东汉。莒县东莞大沈刘庄、东莞村、前城子等地出土的汉画像石均为罕见。

　　莒县境内的石刻造像比较丰富。汉代画像石摹刻的车马人物出行、历史典故、圣贤勇士与神话传说，都刻画得栩栩如生，引人入胜。魏晋时期佛教成为一种文化主流，由此留下大量的佛教精美造像。唐宋元明清时期除佛教造像之外，又有碑刻雕塑、墓志铭文，更是当时社会现实的缩影；王公贵族、状元名流高大的牌坊，官僚墓前的石人、石马、狮子、走兽等，则体现出墓主人生前的社会地位和财富。

历代石刻厅

二　刘勰纪念馆

刘勰纪念馆设置于一楼东北侧。

刘勰，字彦和，东莞莒人。他生于465年，约卒于532～537年间。刘勰家世寒微，幼年丧父，他笃志好学，博览群书，精研经论，三十七岁时写出中国第一部文学理论专著《文心雕龙》。全书分10卷50篇，计37000余字，是中国古代文学理论与文学批评的巨著，基本概括了从先秦到晋宋千余年的文学面貌，评论了200多位作家，总结了35种文体，分门别类、相当全面地探讨了文学创作、文学批评的一些基础原理和艺术方法，并建立了较为完备的理论体系。

刘勰本是东莞世家望族，其秉承莒地文化之精粹余绪，饱读诗书，乃一时之博学通人。

历代石刻厅

但其政治仕途十分坎坷，由此而脱离现实、避入空门，成为一名佛家弟子。尽管如此，传统儒家历史担当的文人情怀，仍深入刘勰的学术思想，激励他为中国文学评论和研究写下辉煌的篇章。

刘勰纪念馆

刘勰纪念馆

三 "现代革命史"厅

现代革命史厅

现代革命史厅

"现代革命史"厅设置于一楼东南侧。

莒县既是中国古代文明的发祥地之一，也是革命老区，具有光荣的革命传统。在中国共产党创建和大革命时期，党的创始人之一、莒县北杏村人王尽美，在齐鲁大地上播撒了革命的火种，带动了宋寿田等莒县进步青年投身革命的洪流。土地革命战争时期，中共莒县特别支部等地方组织的创建点燃了莒县革命燎原之火。抗日战争时期，鲁东南抗日根据地从莒县开辟。全县党组织不断发展壮大，领导人民进行了八年艰苦卓绝的斗争，赢得了抗战胜利。解放战争时期，莒县党组织带领全县人民积极参军参战，发展生产，踊跃支前。烽火岁月中，全县近20000人参军参战，320000余人次支前，2000余人为国捐躯。为抗击外侮、解放全中国做出了巨大牺牲和贡献，涌现出无数可歌可泣的英雄事迹，谱写了光辉灿烂的革命篇章。

前事不忘，后事之师。莒县革命历史展览，主要再现了中共莒县地方组织带领全县人民走过的革命历程和取得的建设成就。展览使今人缅怀先辈的光辉业绩，继承和发扬优良传统，进一步坚定信念，凝聚民心，与时俱进，努力建设经济繁荣、文明开放和谐稳定的新莒县。

四 "文物遗珍"厅

"文物遗珍"厅设置于三楼东南侧。

莒地现有文物，是中国文物宝库的组成部分之一。它所蕴涵的历史、考古、艺术、科学价值，是人们取之不尽、用之不竭的精神财富。近几年，随着文物考古工作的蓬勃发展，在莒地范围内出土的历史文物精品层出不穷。通过观赏这些文物，观众领略其文化价值，激发了自尊、自信、自豪的情绪，从而以更大的勇气去创造繁荣昌盛的未来。

莒地的文物丰富多彩，不但数量多，而且品类齐全。它反映出莒之先民劳动、生活的各个方面，充分展示了莒之先民的聪明才智和其所创造的特色地域文化。

文物遗珍厅　　　　　　　　　　　　　　　文物遗珍厅

莒县博物馆

　　莒县博物馆不但有大量地下出土的文物，还有历代传世文物精品，这些都是记录地方历史文化的丰厚信息载体。博物馆展示历年征集的文物精品，反映了地方文物收藏、鉴赏的发展历史。

　　近几年，通过考古清理发掘、征集、收购，馆藏文物数以万计。为了充分发挥文物的宣传教育作用，博物馆选取了部分玉石、玺印、佛道造像、古砚、陶瓷等精品，举办"文物遗珍"专题展览。

五 "书画精粹"厅

　　"书画精粹"厅设置于三楼西南侧。

　　中国的书法绘画艺术有着民族传统的艺术风格，具体而生动地反映出每个历史时期广大人民的生产、生活情景。

　　中国书画，特别是国画，在世界美术领域中自成体系，工具材料为中国特制的笔、墨、纸和砚。中国画经常以诗入画，以字成画，尤以书法入画最为重要。

书画精粹厅

　　莒地书画艺术历史悠久，早在六、七千年前的新石器时代中期，莒人就已掌握了原始绘画技术，其绘画多见于岩石、陶器、玉器上，商代多在青铜器上，汉代多见于画像石，隋唐以后多见于绢和纸。

　　莒县自古书画翰墨尤为发达，这在鲁东南属于一种独特的文化现象。明清时期当地书画名家不少，尤其清代和民国时期，莒县当地的书画家在周边地区颇有影响，既有善于绘画山水人物、鸟虫花卉的丹青名家，又有能书写各

书画精粹厅

种书体的著名书法家。清代乾隆年间扬州八怪之一的李方膺曾经署理莒州并为兰山县令，不但倡修《莒州志》，而且还留下诸多书画精品，促进了莒州当地书画文化的发展。

毋忘在莒厅

六 "毋忘在莒"厅

"毋忘在莒"厅设置于三楼西北侧。

"毋忘在莒"最早见于《管子·小称》，是指齐桓公君臣不忘过去艰苦岁月的故事。

春秋时期莒国实力强大，曾灭掉向国、曾国，多次征伐齐、鲁等国，屡次参与齐、鲁、邾、滕、薛、蔡、吴、越、楚、晋等国的盟会，并且与晋、蔡、吴、越、齐、鲁等国世代通婚。莒国地处东方海岱地区，水陆交通便利，文化积淀丰厚，所以成为列国诸侯子弟逃亡避难的理想场所，齐、鲁等国的贵族大夫都曾来莒国避难。其中，最成功的典型是春秋五霸之首齐桓公。当年齐国内乱，齐公子小白避难逃亡到莒国都城其外祖母家，在此蒙受莒文化的霑溉教化，成为有

毋忘在莒厅

志青年，所以回齐国继承王位之后，施展雄才大略，成就一番霸业。在他得意忘形之时，当年随其避难在莒的鲍叔牙则劝诫他"毋忘在莒时"。

"毋忘在莒"的文化内涵十分丰富，从春秋至今，绵延几千年，其主旨是：安不忘危，居安思危。不要忘记创业艰辛，不要忘记过去的艰苦岁月。"毋忘在莒"的精神，流风余韵，激励千古。

多媒体室

七 其他类厅

1. 多媒体室

设置于一楼大厅迎面大型浮雕壁画后，面积约150平方米，能容纳80余人。该室配备有屏幕投影和音响设备，可举行小规模的学术会议，亦可举行一般座谈交流和会议。

2. 多功能厅

设置于一楼西南侧，面积约200平方米，能满足30余人观看3D影片。可以精心打造出3D立

体影像，展开一幅莒地贯通古今的壮丽画卷，引领人们穿越5000余年的时空，深度感受莒地的丰饶美丽、莒文化的渊博精妙，犹如身临其境。

3．贵宾室

设置于多功能厅南侧，该室面积约100平方米。设计大方，装饰精美，能满足20余人的重要宾客日常接待。

多功能厅　　　　　　　　　　　　　　　　　　贵宾室

莒县博物馆

第四章　考古调查与发掘

　　自成立之日起，莒县博物馆既承担着文物收藏、研究、陈列展览、宣传教育、田野考古调查与发掘等工作，同时又肩负着全县的田野文物保护任务。

　　30年来，博物馆一直秉承以保护文物为主、以传承文化为神圣职责的精神，为弘扬和提升莒文化的研究与发展做出了积极的努力。在上级文物主管部门的指导下，曾多次组织全县的文物普查工作，进行考古调查、勘探，古遗址、古墓葬的抢救性发掘。经过几代博物馆人的共同努力，先后考古发掘了陵阳河、大朱家村、杭头等遗址；抢救性发掘了莒故城铸钱遗址，店子西大庄西周、战国墓葬，莒故城春秋殉人大墓，浮来山汉墓，东莞汉画像石墓等。出土了数量众多的陶器、青铜器、金银器和汉画像石等。这些珍贵文物不断地充实着馆藏。如陵阳河等三大遗址出土的大口尊、牛角形陶号、双錾鬶、算状鬶等文物，对研究东夷文明起源具有重要意义。西大庄出土的40余件精美青铜器，从铜器铭文和用鼎制度来看，这无疑是一处周代莒国贵族墓地，该墓虽遭破坏，但随葬品不仅数量众多，器形丰富，而且制作精美，都具有很高的学术研究和艺术价值，极为珍贵。莒故城春秋大墓中殉葬12人，墓葬之大，殉人之多，这在周边地区实属少见，对研究东夷古国的政治、经济、文化提供了翔实的资料。浮来山汉墓所出土的桃形金羊面饰、金扣、鎏金驼形带钩等文物，精妙绝伦，令人叹为观止，器物造型之精美，保存之完好，在同类汉墓中极为罕见。东莞汉墓出土的汉画像石和阙门，画面种类繁多，题材广泛，反映出汉代不同层次的人们生活的不同侧面。

　　这些重要的考古发掘越来越受到人们的关注，它不仅对文物进行了有效的保护，更是研究本区域文化面貌及相关问题的重要资源。所以，田野考古调查发掘的重要性不言而喻。经过几十年的长期工作，博物馆已积累了大量的相关考古资料，为深入探讨莒文化面貌及其历史脉络奠定了很好的基础。

一　古遗址

　　经过多次文物普查，在莒县境内发现的各类文化遗址达数百处，同时还发现以陵阳河、杭头与大朱家村等遗址为中心的大型遗址群。从这些遗址之间蔓延分布却又密切相连的关系，可以看出人类社会早期发展的逐层递进。而核心遗址发现的大型墓葬和出土的精美文物，又足可以探索人类文明起源、发展的历史步履。莒国故城遗址的钻探试掘，使人们对历史文献所记载的相关数据有了新的认识，对研究春秋战国时期莒国城防布局、军事思想，与齐襄王得以此城继承王位、并联通即墨齐军一举收复失地重建齐国的重大历史事件等大有裨益。位于宫城南墙外的莒明刀铸造作坊遗址的发现与发掘，无疑为莒明刀属莒国抑或齐国铸造的历史疑窦之解析提供最早的科学实证。

陵阳河遗址发掘现场

1. 陵阳河遗址

位于莒城东南约10公里，陵阳镇陵阳河南岸。遗址东至大寺庙，西到集西头村，南至厉家庄村北，北到大河北村。遗址东西约1000、南北约500米，总面积约50万平方米，文化层堆积厚约1.20米。

1957年陵阳河洪水泛滥时发现该遗址，采集到陶器、石器等器物。1963～1979年先后三

陵阳河遗址M17

陵阳河遗址M19

陵阳河次对该遗址进行考古发掘，共清理墓葬51座，出土大汶口文化、周代等器物近3000余件。其中出土的刻有陶文的大口尊、双鋬鬶、箅状鬶、牛角形陶号、酿酒滤缸等重要文物，为研究中国文字起源提供了珍贵的实物资料。

2. 大朱家村遗址

位于莒城东5公里，店子集镇大朱家村西侧，当地村民俗称"渊子崖"。遗址东临村庄，西至何家村，南至大朱家村前河，北到堌堆后地。遗址东西约300、南北约200米，总面积约为6万平方米，文化层堆积厚约1.30米。

1963年发现该遗址，1979～1983年先后两次对该遗址进行考古发掘，共发掘面积1000余平方米，清理墓葬40余座。其中大汶口文化晚期墓葬35座、东周时期墓葬3座、汉代瓮棺葬1座、时代不明墓葬1座，出土文物700余件，包括5件刻有陶文的大口尊、彩绘盆、骨柄等珍贵文物。为研究莒地

大汶口文化时期史前聚落形态、东夷文明起源提供了珍贵的实物资料。

3．杭头遗址

位于莒城东南约7.5公里，陵阳镇杭头村东约600米处。遗址北侧原为陵阳河故道，东约2公里即为陵阳河遗址。遗址东西约200、南北约300米，总面积约6万平方米，文化层堆积厚约0.70米。

1983年3月杭头村群众取土时发现墓葬。经莒县博物馆工作人员现场勘查，确定是一处史前遗址，随即汇报山东省文物考古研究所，省考古所会同莒县博物馆对该遗址进行了试掘，开4×5米探方4个，发掘大汶口文化墓葬3座、周代墓葬2座、战国墓葬1座以及灰坑、汉井等文化遗存。出土文物丰富，其中刻有陶文大口尊尤为珍贵，是继陵阳河遗址之后的又一重大发现。

大朱家村遗址发掘现场

杭头遗址发掘现场

杭头遗址发掘现场

4．小朱家村遗址

位于莒城东约8公里，店子集镇小朱家村西5米处。遗址东北1.5公里为屋楼崮山，南面为小丘陵，北临大朱家村前河，西北距大朱家村遗址约600米。遗址东西约220、南北约180米，总面积约4万平方米，文化层堆积厚约1.30米。

1972年发现该遗址，采集的器物有石铲、石凿、陶片等。在遗址上发现有许多圆形灰坑，在中部断面发现有墓葬。1979年秋进行考古发掘，扩开4×5米的探方4个，清理墓葬6座，均为长方形土坑竖穴墓。出土有鼎、豆、盉、壶、鬶等大汶口文化器物约80余件。

5．钱家屯遗址

位于莒城西北约5公里，城阳镇钱家屯村西北。遗址东西约200、南北约250米，总面积约5万平方米，文化层堆积厚约1.20米。

1982年文物普查时发现该遗址，1982年秋由山东省文物考古研究所、莒县博物馆共同进行抢救性发掘，清理墓葬50余座，出土龙山文化、周代器物300余件。

6. 马庄遗址

位于城阳镇马庄村北约10米。遗址东西约200、南北约200米，总面积约4万平方米，文化层堆积厚约1.40米。

1988年文物普查时发现该遗址。1994年秋～1996年春，莒县博物馆与中国社会科学院考古研究所合作，先后进行了三次考古发掘。发掘面积900多平方米，清理龙山文化、岳石文化灰坑以及周代、汉代、近代墓葬20余座。出土泥质黑陶鼎、褐陶单耳杯、泥质灰陶簋形器、豆、绳纹陶罐、瘪裆陶鬲和汉代瓷罐、铜镜、玉蝉等200余件。

马庄汉墓

7. 孟家洼遗址

位于莒城北约50公里，东莞镇孟家洼村东北约300米处，属河岸高台地。遗址东西约300、南北约400米，总面积约为12万平方米，文化层堆积厚约1.80米。

1999年11月7日，莒县东莞镇东莞村进行冬季农田水利基本建设平整土地时，莒县博物馆研究馆员苏兆庆、馆员刘云涛陪同中国社会科学院考古研究所梁中合、贾笑兵等先生进行考古调查，采集到夹砂白陶鬶、陶罐等器物，属于龙山文化时期遗存，莒县博物馆随即进行抢救性发掘。11月9日～11月30日，历时22天，共发掘面积约1360平方米，清理龙山文化时期、战国和汉代的灰坑、墓葬6座，出土蛋壳陶杯、陶鬶、罐、豆、铜剑、铜带钩等文物20余件。特别是蛋壳陶杯、长铤镞等弥足珍贵。

孟家洼遗址发掘现场

孟家洼遗址发掘现场

8. 莒故城铸钱遗址

位于莒故城二城垣中段南侧护城河北岸。遗址东西约150、南北约25米，总面积约3750平方米，

莒县博物馆

文化层堆积厚约2.50米。

1979年春，莒县城阳镇孔家街村民在平整土地时挖出残陶范、铜渣。1987年4月，发现1座陶范窖藏，残长1.50、宽0.95、深0.60米。出土一批完整的陶范，陶范多平放，排列整齐，共出土陶范64块，完整者13块，其中面范6块，背范7块，同时出土100余枚贝壳。1995年12月、1996年6月，莒县博物馆两度对铸钱遗址进行考古试掘，两次试掘共发掘面积为75平方米。出土陶豆、陶盂、陶烟囱、坩埚和残陶范126块，特别是"莒冶丙""莒冶安"残范的出土，对研究莒国的经济具有十分重要的意义。

莒故城铸钱遗址

莒故城探方

莒故城出土残范

二 古墓葬

莒县境内各个历史时期的古代墓葬约有数千座，尤其两汉时期城阳国或与之相关的墓葬数量最多，在莒国故城周围之低山丘陵上，无数座垄墓蔓延相属，遥望无际。而在故城以东约20公里的城阳国肇封之王刘章的陵墓最为壮观，墓地占地数十亩，高达数十米，远望如山，气势巍峨。春秋战国时期莒国墓葬大都环城分布，如最早发掘的莒南大店老龙腰莒国王公大墓、沂水刘家店子莒公大墓，最近发掘的沂水纪王崮莒公大墓，以及莒县天井汪莒国大墓等等，都有其独特之处，表现出与齐、鲁、滕、薛、邾等国明显的文化习俗差异，而有些文化特色与吴、越、徐、楚等国相似。在莒国墓葬中出土齐、鲁、邾、莱、邙、曹、陈、徐、吴、越、樊、黄、邛（江）、楚等十四国带铭文青铜器，充分证明莒文化的开放、兼容与发达。

1. 东莞大沈刘庄汉画像石墓

该墓位于莒城北50公里，东莞镇大沈刘庄村西约1.5公里的西岭上。

1980年文物普查时发现该墓，1985年12月莒县博物馆进行了抢救性清理。该墓早年已遭到破坏，墓室上部及墓道部分已全部被破坏，墓室内充满填土，门楣和墓室的过梁皆露出地面。墓底距地表1.60米，墓室为砖石结构。墓有三门，面南。墓室由前后两室组成，前室面阔三间，进深两间，共有六个开间；后室为棺室，面阔为三间，当为合葬墓。墓室南北长7.50米，墓门面宽4.10米。墓的前室宽5.05、进深2.75米，后室宽3.95、进深3.65米。前室左右外墙用砖砌成，室内皆以砖铺地。后室后壁用大石板封墙，其左右以砖砌成。

由于该墓早年已被破坏，殉葬品仅剩陶器残片和部分五铢钱。陶器经修复有奁、罐、洗、盘、耳杯、博山炉、高柄灯等。该墓现存画像石共21块、29幅画面，有车马出行、神话故事、人物、龙虎、鸟兽、蟠螭纹等。雕刻风格为浅浮雕、线刻等。该墓的时代为东汉晚期。

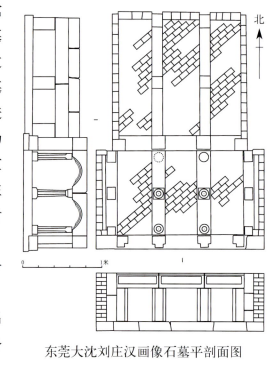

东莞大沈刘庄汉画像石墓平剖面图

2. 于家沟春秋墓

该墓位于莒城东南25公里，中楼镇于家沟村东北约1.5公里，地名曰"台子地"。墓葬北距横山约600米，南临浔河，坐落于依山傍水的山坳里。

1988年冬，于家沟村民取土时发现该墓葬。莒县博物馆随即做了抢救性清理。墓圹南北长6.50、东西残宽4.20、深1.50米，为土圹竖穴木椁墓。该墓发现殉人2具，分别在墓主椁外东侧和北端。墓坑长1.80、宽0.39米，无殉葬品；另有殉狗坑1个，长1.20、宽0.69米；其他动物骨坑1个，长1.65、残宽1.50米。

该墓西半部遭到破坏，出土器物21件，其中陶器6件，铜器15件。根据出土器物的组合、器形特征、铜壶铭文风格以及纹饰判断，该墓年代属于春秋时期。

3. 大沈刘庄春秋墓

该墓位于莒城北约50公里，东莞镇大沈刘庄村西南约2公里。

1993年4月，东莞镇大沈刘庄村干部向乡、

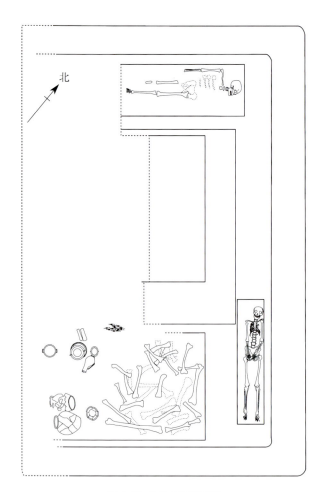

于家沟春秋墓平面图

县两级汇报该村西发现墓葬棺木，莒县博物馆闻讯后，立即派人对该墓进行抢救性清理。在清理前，地面已无封土，墓口遭到破坏。鼎、豆、壶、敦陶器残片被抛到墓外，棺木已被取出，青铜剑、戈、矛、马衔、车軎、石贝等器物分散在村民手中，经宣传、动员才得以收回。

大沈刘庄春秋墓平面图

该墓为土圹竖穴墓，墓葬东南部已被群众破坏掉，椁木残露在外，呈长方形。墓圹平面略呈"凸"字形，长5.88、宽4.72、残深1.15米。墓向正东，墓壁光滑齐整，与墓底垂直，无墓道，墓内填有红烧土块和膏泥。据群众讲，殉葬品主要放置在棺室北侧。墓圹内葬具遭到严重破坏，故棺的详细结构不明，仅存椁框。椁的底部铺一层0.20米厚的天然石块，其上是东西向、边长0.19米的两根垫木，垫木相距2.30米。再上是10块边长0.18~0.40米的方木拼成椁底，椁长3.36、宽2.60米。椁底上部铺有人字形竹席（腐朽严重）。

该墓出土的铜剑、戈、矛、镦、带钩、车軎、马衔等，其形制和器物组合与周边地区墓葬所出同类器物相比较，得出结论：该墓年代应为春秋时期。

4.东莞镇东莞村汉画像石墓

该墓位于莒城北50公里，东莞镇东莞村东南侧约100米处。

1993年5月28日，莒县东莞镇政府报称，在东莞村东南侧发现石刻一块。莒县博物馆闻讯后派人前往察看，发现是一座古墓，随即进行了抢救性清理发掘。

该墓早年遭到严重破坏，墓上无封土，墓圹已残。为一座长方形土圹竖穴砖石墓，方向南偏东15°。墓圹残长7.80、宽3.80、深1.70米。填土中夹杂着大量的残砖块，墓内的画像石表面全部用白灰涂抹。该墓由于破坏严重，未发现有随葬品。共出土画像石12块，画面26幅。特别是两块阙门，尤为重要。四面皆刻有画像："汉胡交战""七女为父报仇""仙人神兽""乐舞""狩猎""尧、舜、禹"等，其画面内容极为丰富。从画像雕刻技法及题记来看，其时代为东汉末年（178年）。

5.西大庄周墓

该墓位于莒城东北约12公里，店子集镇西大庄村东北500米处。墓葬东南为屋楼崮山，西北为峤山，东20米处为峤山水

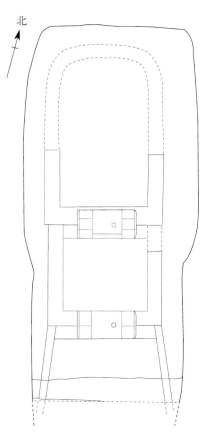

东莞镇东莞村汉画像石墓平面图

库，该墓坐落在水库西岸的一座黄土高台地之上。

1996年4月20日，莒县店子集镇西大庄村民取土时挖出一批青铜器。莒县博物馆闻讯后，将出土的几十件文物运至博物馆收藏。随后，组织业务人员对出土青铜器的地点进行调查。从被破坏的墓壁观察，确定是一座古墓。随后在墓葬西部又发现一座战国墓。4月22日，对这两座墓葬进行了抢救性清理发掘。

由于该墓封土早年夷平，墓葬的东部已被村民破坏，且大多数铜器也已被取出，故已挖出的铜器原摆放位置不详。经清理，发现有铜人面首大刀、戈、山字形器、车篷架管、盖弓帽等器物。

墓葬为长方形土坑竖穴木椁墓，方向为20°。墓葬开口距地表0.30米，墓壁垂直平滑，有熟土二层台。墓圹口大底小，南北长4.60、东西残宽约3.00米；墓底长2.70、残宽约1.40、深3.04米。墓内填土为黄褐色，且夹杂着小木炭块、红烧土颗粒等。清理时，在二层台的西南角发现有一人的头盖骨。该墓共出土和收集青铜器、陶器、石器共计44件，有铜鼎、铜瓿、铜簋、铜鬲、铜盘、铜匜、铜山字形器等。

西大庄墓所出土的器物，其造型、纹饰和器物的组合呈多样化。铜器精美，铸造工艺高超精湛，这些遗物都表现出西周晚期至春秋初期的特点。该墓葬出土的资料十分重要，对研究西周至春秋时期，莒国与其他诸侯国在政治、经济、文化、军事等方面的交流具有重要价值。

西大庄西周墓

西大庄战国墓

6. 莒故城春秋大墓

该墓位于莒故城二城垣内，原丝绸公司北侧（现祥云大酒店）。

1996年5月16日，有一文物爱好者向莒县博物馆报告，丝绸公司建楼工地挖出大块木头，正在用吊车向外吊运。莒县博物馆闻讯后立即派人员前去勘察。经现场察看分析，确认是一座大型古代墓葬，立即进行抢救性发掘。

该墓为土圹竖穴木椁墓，方向90°。墓葬口大底小，东西10.36、南北10.40米，墓底东西8.92、南北9.20、残深2.36米。墓内填土为五花土，且夹杂陶片、木炭块。清理时发现，在棺椁上部铺盖有竹席且在其四周有12具殉人，均有葬具。大墓棺椁东西5.10、南北4.00米。小棺长2.05、宽0.54米，长2.00、宽0.74米不等。在大墓北侧有一殉葬器物箱，长3.68、宽3.12米。箱内殉葬动物骨骼、彩绘器物陶盖、豆、鬲、罐等。在整个大墓底部铺有一层厚0.30~1.00米的灰膏泥。

该墓之大，殉人之多，在莒地考古发掘中属首见，对研究莒国政治、经济、文化提供了重要的实物资料，特别是对莒国何时走向灭亡等相关问题的探讨，具有重要研究价值。该墓由于早年遭到破坏，故所剩器物不多。从出土铜舟、陶鬲、陶豆等器物形制判断，该墓年代属春秋晚期至战国早期。

莒故城春秋大墓

7. 大朱家村大汶口文化墓葬

该墓葬位于莒城东5公里，店子集镇大朱家村西约20米处。

2000年12月6日，店子集镇大朱家村村民挖大棚柱子时发现一些陶器。莒县博物馆闻讯后立即组织人员进行了抢救性发掘。以大棚柱子为点，布5×5米探方1个，发现大汶口文化时期墓葬2座。墓葬的开口在耕土层下，已遭到破坏，填土为黄褐花土，夹杂有零星的红烧土块，且土质较硬。2座墓葬共计清理出土陶鼎、豆、鬶、罐等器物40余件，为研究莒地历史提供了新的资料。

大朱家村大汶口文化墓葬　　　　　　　　　　　大朱家村大汶口文化墓葬

莒县博物馆

8．崔家峪春秋墓

该墓位于莒城东南60公里，中楼镇崔家峪村西约15米处。

2001年2月20日，中楼镇崔家峪村民电话告知莒县博物馆，在该村西15米处挖出了铜器、陶器，博物馆闻讯后立即派人员前去察看，确认是一残墓，随即进行了抢救性发掘。该墓地原是一高台地，村民俗称"西北地"。

从其断面观察，该墓已暴露出其墓圹的长、宽。东西残长1.50、南北宽2.50、墓底距地表0.60米。清理出土铜鼎1件、陶鬲2件、陶豆1件、陶罐1件。根据出土器物纹饰、造型特点分析，该墓年代应属春秋中期。

9．齐家庄汉墓

该墓位于莒城西南约15公里，刘家官庄镇齐家庄村西南50米处。

2001年5月11日，有一群众向莒县博物馆反映，齐家庄村西水泥厂后套院墙挖地基时，有一些玉片出土，群众正在捡拾。博物馆闻讯

崔家峪春秋墓

后立即前往现场并采取措施加以制止，同时组织人员进行了抢救性发掘。

该墓为十字形砖室墓，墓葬上部已遭破坏，故上部结构不详。南北长9.60、东西宽4.50、墓底距地表2.30米。该墓出土玉衣片200余片，另有铜镜钮、残玉璧、铜龟、玉猪（握）等器物。

该墓虽已遭破坏，但是出土器物较为丰富。从器物的特征分析，该墓年代应为西汉晚期。

齐家庄汉墓发掘现场　　　　　　　　　　　　　　齐家庄汉墓发掘现场

10. 浮来山汉墓

该墓位于莒城西9公里，浮来山之佛来峰东侧。墓葬北距朝阳峰1.5公里，西距浮来峰1.8公里，南距飞来峰2公里。该墓坐落于佛来峰东侧半山腰的一平台地上。

2001年7月2日，莒县人民政府决定，对浮来山名胜风景区进行保护性开发，并强调在开发中保护好一草一木、一石一树，努力确保古文化遗存及自然环境不遭破坏。12月12日，施工人员在工程施工中发现有古墓葬迹象，立即停工并报告浮来山指挥部，指挥部领导立即联系莒县博物馆，经博物馆业务人员实地察看，确认是一处古代墓葬，随即进行了抢救性发掘。

该墓葬封土早年夷平，为长方形石圹竖穴墓，方向为352°。墓葬开口距地表0.30米，其西、北

浮来山汉墓　　　　　　　　　　　　　　　　浮来山汉墓金器出土情况

壁斜直且粗糙，南、东壁垂直平滑。墓圹口大底小，南北长3.40、南部宽1.64、北部宽2.04米。墓底南北长2.90、南部宽1.58、北部宽1.95、墓葬深3.20米。墓内填土为黄褐色，且夹杂有较多不规则的碎石块，经人工夯实且较硬，夯层厚0.20~0.40米。经清理出土金器、银器、铜镜、铜带钩、铁剑、印章等器物30余件。根据印章及其他器物的特征分析，该墓年代为西汉时期。

11. 慕家庄子墓地

莒县博物馆新址坐落于莒县城阳镇慕家庄子村东北约700米。

2006年12月，莒县博物馆为配合新馆建设，发掘了一批墓葬。此次发掘共揭露面积500平方米，共清理战国至汉代墓葬10座，出土陶器、瓷器、铜器、铁器、玉器等文物共100余件。

慕家庄子墓地发掘现场

慕家庄子墓葬

慕家庄子墓葬

12. 小河村墓地

该墓地位于莒县闫庄镇小河村西北100米。

2010年10月26日，小河村村民平整土地时发现该墓地。2010年10月27日，莒县博物馆对其进行了抢救性清理。共清理墓葬3座，均为长方形土坑竖穴墓，出土器物65件。随葬品以陶器为主，陶质分夹砂褐陶和泥质黑陶；器形包括大口尊、双耳罐、鼎、背壶、盆、瓶、豆等。根据墓葬形制及出

莒县博物馆

土器物组合、形制、纹饰判断，该墓地年代为大汶口文化早期。其为研究莒地史前文化提供了重要的研究资料。

小河村墓地发掘现场　　　　　　　　　　　　　小河村墓地发掘现场

13．大薛庄墓地

该墓地位于莒县浮来山镇大薛庄村西南约200米处。

2010年10月，山东省文物考古研究所、日照市文物局、莒县博物馆调查晋鲁豫铁路时发现该墓地。2013年4月21日～5月5日进行了考古发掘。共开5×5米探方21个，揭露面积625平方米。共清理土坑竖穴墓7座，出土器物2件。根据出土器物特征分析，该墓地年代应为战国至汉代时期。

大薛庄墓地发掘现场

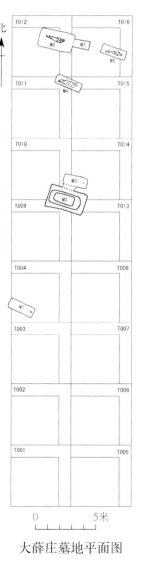

大薛庄墓地平面图

第五章　文物保护与学术研究

　　莒县博物馆始终秉持"保护为主、抢救第一"的文物工作方针，在文物保护工作方面勇于探索、创新和积累，通过1980年、1988年、2008年三次文物普查，基本摸清了全县田野文物家底及现状。自1977年起，先后七次申报、公布全县190处不可移动文物列为重点文物保护单位，使部分价值重大、保存好的田野文物得到重点保护，对部分因自然或人为因素造成破坏的田野文物及时进行了有效的抢救复原、修缮。各项重大举措，使莒县文物保护工作一直走在全省、全市文博行业前列。2009年12月，莒县被国家文化部、国家文物局公布为"全国文物工作先进县"。

一　文物保护

（一）20世纪80年代前

　　莒县博物馆的形成经历了漫长的发展时段，最初并没有专门的文博单位，而是与其他单位合并办公，有人员兼管文物工作。20世纪80年代以前应该属于莒县文物保护工作的创始阶段，凭借工作人员积极热忱、认真细致的工作，莒县的文物保护工作从一开始即确立了正确的方向。

1980年县领导查看莒故城保护情况

　　1.1977年，山东省拨款1.5万元修复浮来山定林寺古建筑：泰山行宫、亘古一人、十王殿。定林寺恢复原貌。

　　2.1977年，申报莒县第一批省级重点文物保护单位。12月，山东省革命委员会正式公布"莒国故城""刘勰故居""齐家庄墓群""东莞齐长城"为第一批省级重点文物保护单位。

　　3.1979年3月，莒县革命委员会公布第一批县级重点文物保护单位21处。

　　4.1980年，尤锐县长带队查看莒国故城城垣并划定保护范围，确定保护标志，城阳镇砖厂停产。

1980年县领导查看莒故城保护情况

（二）20世纪80年代后

改革开放以来，从中央到省市地方各级领导都对文物保护极为重视，上升到保护民族文化遗产、弘扬中华文明的高度。所以文物保护工作出现了前所未有的新局面。文物普查是文物保护的基础前提，经过第二次文物普查，莒县发现古遗址、墓葬等近1300处，位居全省第一。同时，在此期间申报国家和省市县级文物保护单位，落实保护措施。

1．1983年5月，莒县文物保护工作会议在浮来山定林寺召开，学习贯彻《文物保护法》。

2．1988年3月，全国第二次文物普查开始。莒县独自成立普查队，经过一年多的田野调查，共查出各类遗址、墓葬等1291处，位居全省第一。

3．1989年7月，莒政发（89）57号文件，莒县人民政府公布第二批县级重点文物保护单位166处。

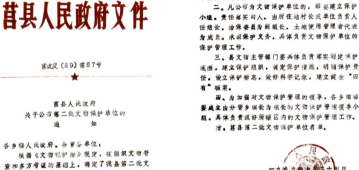

莒政发（89）57号文件

4．1992年，申报第二批省级重点文物保护单位。6月，山东省人民政府正式公布"陵阳河遗址""大朱家村遗址""杭头遗址""塘子遗址""天井汪墓群""刘章墓""城阳王墓"为第二批省级重点文物保护单位。

5．1992年3月，对全县186处重点文物保护单位完善档案、树立文物保护标志碑。

1992年6月山东省人民政府文件

（三）21世纪以来

进入21世纪，莒县文物保护工作既面临新的机遇，也遇到新的挑战。由于生产建设和大型挖掘机械的普遍应用，对文物保护构成较多不利因素。面临挑战，莒县博物馆调整思路，摸清文物家底，加大宣传和执法力度，加强保护措施。对齐长城进行维修保护，确立新的市级文物保护单位，各项文物保护工作得到上级领导的支持和肯定。

1．2001年，中华人民共和国国务院公布"齐长城莒县段"为第五批全国重点文物保护单位。

2．2008年，莒县第三次全国文物普查开始，至2011年田野普查阶段结束，全县共发现遗址、墓葬等不可移动文物798处（原有1291处，消失457处，36处于2012年随中楼镇划归到岚山区），仍居全省首位。

3．2009年，申报日照市第一批市级重点文物保护单位10处。12月，日照市人民政府公布

齐长城莒县段

日照市人民政府文件

日政发〔2009〕62号

日照市人民政府
关于公布第一批市级文物保护单位名单的
通　知

各区县人民政府，日照经济开发区、山海天旅游度假区管委，市政府各部门，各高等院校，市属各企事业单位，国家、省属驻日照各单位：

《日照市第一批市级文物保护单位名单》已经市政府同意，现予公布。

各级各有关部门和单位要根据《中华人民共和国文物保护法》、《中华人民共和国文物保护法实施条例》、国务院《关于加强文化遗产保护的通知》（国发〔2005〕42号）、省政府《关于进一步加强文物保护工作的通知》（鲁政发〔2008〕93号）和市政

府《关于进一步加强文物保护工作的意见》（日政发〔2008〕6号）的有关规定，进一步贯彻"保护为主、抢救第一、合理利用、加强管理"的工作方针，认真落实"五纳入"和"四有"保护措施，针对不同文化遗产的特点，采取切实可行的保护方式，妥善处理好保护文化遗产与经济社会发展和改善人民群众生活条件的关系，切实做好市级文物保护单位的保护、管理与合理利用工作。

附件：日照市第一批市级文物保护单位名单

二〇〇九年十二月十五日

—1—　　—2—

2009年日照市人民政府文件

莒县博物馆

日照市第一批市级文物保护单位名单（30处）

序号	编号	名称	时代	所属区县	地址
一、古遗址（20处）					
1	I-1	双庙遗址	旧石器时代	东港区	秦楼街道双庙村东北
2	I-2	东两河遗址	北辛文化	日照经济开发区	奎山街道东两河村东北
3	I-3	后果庄遗址	北辛、大汶口文化	莒县	果庄乡后果庄村西北
4	I-4	郑家结庄遗址	大汶口文化	岚山区	虎山镇郑家结庄村东南
5	I-5	小朱家村遗址	大汶口文化	莒县	店子集镇小朱家村西
6	I-6	寨遗址	大汶口文化	莒县	桑园乡寨村西
7	I-7	仕阳遗址	大汶口、龙山文化	莒县	招贤镇小仕阳村东南
8	I-8	西林子头遗址	龙山文化	东港区	涛雒镇西林子头村南
9	I-9	冯家沟遗址	龙山文化、商周	东港区	秦楼街道冯家沟村南
10	I-10	西辛兴遗址	龙山文化	岚山区	碑廓镇西辛兴村东
11	I-11	段家河(薄板台)遗址	龙山文化	莒县	龙山镇段家河西北
12	I-12	孟家洼遗址	龙山文化	莒县	东莞镇孟家洼村东北
13	I-13	辛留遗址	龙山文化、商周	岚山区	巨峰镇辛留村东南
14	I-14	凤凰城遗址	龙山文化、商	东港区	秦楼街道苏家村西
15	I-15	汪湖遗址	商周	五莲县	汪湖镇汪湖村北
16	I-16	钱家屯遗址	周	莒县	城阳镇钱家屯北
17	I-17	崮河崖遗址	商周、汉	日照经济开发区	奎山街道崮河崖村东
18	I-18	大土山遗址	汉	岚山区	巨峰镇大土山村北
19	I-19	田家寨遗址	汉	岚山区	碑廓镇田家寨一村东
20	I-20	海曲故城	汉	东港区	日照街道西十里堡西
二、古墓葬（7处）					
21	II-1	莒子墓	春秋	莒县	浮来山镇大辛庄村西
22	II-2	朱家课庄墓群	周	莒县	长岭镇朱家课庄西南
23	II-3	海曲汉墓群	汉	东港区	日照街道西十里堡西南
24	II-4	大土山墓群	汉	岚山区	巨峰镇大土山村西北
25	II-5	安岭古墓	汉	莒县	洛河镇安岭村东
26	II-6	上庄古墓	汉	莒县	陵阳镇王坟西北
27	II-7	张氏家族墓群	金	日照经济开发区	奎山街道西河村东南
三、石刻（1处）					
28	III-1	海上碑	明清	岚山区	岚山头街道岚阳路南
四、近现代重要史迹及代表性建筑（2处）					
29	IV-1	两城镇南庙革命纪念地	1932年	东港区	两城镇两城三村
30	IV-2	丁氏故居	清、民国	东港区	涛雒镇驻地

2009年日照市人民政府文件

2008年山东省文物局领导检查工作　　　　　2010年日照市"三普"验收试点工作会议

"小朱家村遗址""上庄古墓"等10处历史遗存为日照市第一批市级重点文物保护单位。2010年初，完成第一批市级文物保护碑的树立。

2014年刘勰故居进行修缮

4．2010年3月，日照市第三次全国文物普查实地调查阶段验收试点会议在莒县召开。

5．2014年9月，对东莞齐长城、刘勰故居进行保护规划并实施修缮。

二　学术研究

为推动学术研究，提高研究能力，莒县博物馆始终把学术研究作为立馆基础。一个博物馆学术水平的高低、研究成果的多少、学术影响力的大小，都直接关系到博物馆的地位与声誉。因而，学术研究在博物馆事业发展的过程中要不断地加强。为了使学术研究工作得以充分开展，莒县博物馆调动业务骨干的积极性，营造良好的学术氛围，有条不紊、渐次推进、有序发展地提高本馆的综合实力。近数十年来，学术交流与研究成果丰硕显著。据不完全统计，在各类专业刊物上发表学术文章80余篇，出版学术著作4部。莒县博物馆的影响力已在全省县市级博物馆中名列前茅，亦已成为莒文化重要的形象窗口。

为配合学术研究和莒文化陈列展览，2009年9月8日，新馆落成运行同时，举办了"中国莒文化高层论坛暨纪念陵阳河遗址考古发掘30周年学术研讨会"。来自北京、上海、陕西、南京、山东等地的专家、学者40余人参会。此次专题学术研讨会虽然规模不大，人数不多，但学者们紧紧围绕学术主题进行了热烈的讨论，体现出陵阳河遗址在学术界的重要价值。此次研讨会的成功举办，受到了各界的广泛关注和好评。

为繁荣学术研究和加强人才培养，保证学术研究持续发展、后继有人，截至2015年，莒县博物馆有正高级职称1人，副高级职称4人，中级职称10人。形成了老中青相结合的学术研究团队，也体现出了"人才立馆"的基本精神及学术研究梯队建设面貌。

为加强学术交流与成果的出版，精心维护良好的学术形象，莒县博物馆研究人员先后受邀到安徽蚌埠、武汉、淄博、禹城等地进行了学术研讨与交流，并出版了专著《莒县文物志》《考古发现与莒史新征》《古莒遗珍》《莒文化与中华文明》，发表在期刊上的文章主要有《东夷民族天文学初探》《十年洱阳令戈考》《山东莒县杭头遗址》《山东莒县西大庄西周墓葬》《山东莒县东莞出土汉画像石》等。这些学术专著的出版和文章的发表，促进了同行间的学术交流，推动了莒县博物馆事业的发展，在省内外博物馆中树立了良好的学术形象。

（一）专著

从建立之初，莒县博物馆即认识到文物是历史信息的重要载体，是博物馆存在的基础，而学术则是博物馆得以发展、引领科研进步的灵魂，同样是博物馆事业提升发展的重要基础。所以，多年来博物馆就形成积极参加野外调查发掘、对文物进行科学整理的优良传统，查阅大量考古与历史文献和古文字资料，开展学术研究，不但成为山东乃至国内屈指可数的藏品丰富的县级博物馆，而且学术研究也走在前列。尤其莒县博物馆老前辈苏兆庆先生更是身体力行，率先垂范，积极进行学术研究，成果丰硕，接连破格，成为全省县级博物馆中最早晋升的研究员。新任馆长刘云涛副研究员，在馆前辈以及中国社会科学院考古研究所、山东省文物考古研究所、山东大学、吉林大学等有关单位专家学者的关怀、指导、帮助下，学术研究水平得以迅速提升。经过数十年的积淀，馆内业务专家已经出版重要学术专著数部，有的已多次修订再版，产生较大的社会影响。

1. 《莒县文物志》

齐鲁书社1993年出版，苏兆庆、夏兆礼、刘云涛编著，张政烺先生题写书名，李学勤先生作序。

该书属地志性书，内容涉及概述、沿革、名胜、古迹、馆藏文物、古文字等九大部分。图文并茂地介绍了莒县文物保护、发掘、研究等情况，是一部严谨科学的资料性著述。

2. 《古莒遗珍》

人民美术出版社2003年出版，苏兆庆、刘云涛、夏兆礼编著，胡绳先生题写书名，孟世凯先生作序。

全书内容包括概述、陶瓷篇、青铜器篇、玉石器篇等十二部分，通过对莒地出土文物的介绍，反映出莒地历史悠久、莒文化博大精深，在行文上采用图片与文字介绍相结合的形式，使得该书更具有易读性，对发掘、研究、宣传、提升莒文化知名度具有重要意义。

3. 《莒文化与中华文明》

中国社会科学出版社2012年出版，苏兆庆主编、刘云涛副主编，刘守亮先生作序。

该书共分三部分，第一部分为前期专家、学者发表在重要期刊上对莒文化的论述文章；第二部分为新馆开馆并为中国莒文化高层论坛暨纪念陵阳河考古发掘30周年学术研讨会论文；第三部分是部分专家学者在其他刊物上发表的文章。该书是数年来全国专家学者对莒文化探讨、论述的成果汇

专著

专著

集，为研究莒文化提供了翔实的资料。

4.《考古发现与莒史新征》

中国文史出版社2015年出版，苏兆庆著，孙敬明先生作序。

该书汲取苏兆庆先生30多年来的研究论述，内容涉及农业、天文、医学、军事、经济、地方史等专题研究，是莒文化研究进入全面调查和系统研究新阶段的专著。

（二）论文

莒国历史文化所具有的特殊影响，尤其大汶口文化时期的陶文、商周莒国青铜器、战国钱币与汉代城阳国墓葬画像石资料，被国内学术界特别关注。有鉴于此，每当有考古新发现，博物馆遂及时进行整理研究，以最快的速度在国内重要期刊如《考古》《文物》《东南文化》《史前研究》《中国钱币》等杂志上发表，为学术界的进一步研究探讨提供最新的资料。同时，随着时间的积累和资料的不断丰富，以及广泛的学术交流，馆内业务骨干的培养不断加强，形成"传帮带"和老中青相结合的学术氛围与良好的梯队结构。馆内业务人员既能进行野外调查考古发掘，也能进行室内整理和科学研究，每年都能在国内相关刊物上发表数篇学术文章。刘云涛为中国先秦史学会理事，受学会领导著名甲骨学家孟世凯先生委托，积极认真承办学会刊物《先秦史研究动态》，定期出版，每期约10万字左右，一共编辑出版了20余期，在国内外学术界具有极好的影响。

1．山东省文物考古研究所、山东省博物馆、莒县文物管理所、王树明：《山东莒县陵阳河大汶口文化墓葬发掘简报》，《史前研究》1987年第3期。

2．杜升云、苏兆庆：《东夷民族天文学初探》，《北京师范大学学报》1988年第3期。

论文

046

莒县博物馆

3．苏兆庆、张安礼：《山东莒县沈刘庄汉画像石墓》，《考古》1988年9期。

4．山东省文物考古研究所：《山东莒县杭头遗址》，《考古》1988年第12期。

5．苏兆庆、常兴照、张安礼：《山东莒县大朱家村大汶口文化墓地清理简报》，《史前研究》1989年辑刊。

6．孙敬明、苏兆庆：《十年洱阳令戈考》，《文物》1990年第7期。

7．苏兆庆：《莒地原始农业发展初探》，《中国农史》1992年第3期。

8．苏兆庆：《山东莒县出土刀币陶范》，《考古》1994年第5期。

9．苏兆庆：《刘勰晚年北归和浮来山定林寺创建》，《北京大学学报》1997年第3期。

10．莒县博物馆：《山东莒县西大庄西周墓葬》，《考古》1999年第7期。

11．刘云涛：《山东莒县双合村汉墓》，《文物》1999年第12期。

12．刘云涛：《山东莒县东莞出土汉画像石》，《文物》2005年第3期。

（三）学术活动

学术需要大家共同研究探索，更需要交流切磋。莒县历史文化和考古工作的地位，正好能够促使专业人员进行学术交流。日常国内外到莒县参观考察的专家学者以及考古和博物馆专业本科或硕士、博士的毕业实习，都为地方文化研究带来莫大的启迪和帮助，并得以广泛交往和深入交流。馆内业务人员积极参加学术活动，出席国内外的大型学术研讨会，如中国考古学会、中国古文字研究会、中国先秦史学会、中国殷商文化学会、中国钱币学会、中国古都文化研究会、中国《文心雕龙》研究会、中国农史文化研究会等举办的专业学术研讨会。每次出席会议，都能结合莒文化的历史特点、考古新发现与研究新得，进行学术演讲交流，可谓有新工作、新资料、新观点，往往引起与会学者的热情关注，由此而扩大莒文化的影响。同时，有鉴于莒文化的历史地位与影响，在县委、县政府的领导下，博物馆与中国先秦史学会、中国古都研究会等多次联合举办全国莒文化学术研讨会。

1．1988年8月，苏兆庆受邀出席由吉林大学著名古文字学家姚孝遂教授领衔主办的中国古文字研究会成立十周年国际学术研讨会，提交论文《陵阳河陶文发现与考释》，后收入《古文字研究》第二十辑，由中华书局出版。

2．1989年11月，苏兆庆应邀出席在开封召开的中国先秦史学术研讨会，提交论文《莒之文明的先声》。

3．1990年，苏兆庆出席在上海召开的中国古文字学术研讨会，提交论文《莒故城新出刀币铭范文字考》。

4．1991年，苏兆庆出席在南昌召开的首届国际农业考古学术研讨会，提交论文《莒地原始农业发展初探》。

5．1992年8月，苏兆庆出席在北京召开的首届中国医学史学术会议，提交论文《东夷民族针灸学初探》。

6．1992年10月，苏兆庆出席在西安召开的第二次西周史学术研讨会，提交论文《莒史新征》。

7．1996年11月，苏兆庆出席在临沂召开的中国汉画学会第五届年会，提交论文《莒县发现夫妇接吻汉画像刻画刍议》。

8．2000年10月，苏兆庆、刘云涛出席中国先秦史学会莒文化专题研讨会。

9．2001年，苏兆庆、刘云涛出席在蚌埠召开的涂山·淮河流域历史文明研讨会。

10．2007年，苏兆庆、刘云涛应邀出席在禹城召开的全国第二届大禹文化学术研讨会。

11．2009年9月，中国莒文化高层论坛暨纪念陵阳河遗址考古发掘30周年学术研讨会在莒县召开。

12．2011年3月，苏兆庆应邀出席在武汉召开的百年龙学国际研讨会。

莒县博物馆

2000年中国先秦史学会莒文化专题研讨会

2001年涂山·淮河流域历史文明研讨会

2001年涂山·淮河流域历史文明研讨会

2007年全国第二届大禹文化学术研讨会

2009年中国莒文化高层论坛暨纪念陵阳河遗址考古发掘三十周年学术研讨会

2009年中国莒文化高层论坛暨纪念陵阳河遗址考古发掘三十周年学术研讨会

2011年百年龙学国际学术研讨会暨中国文心雕龙学会第十一次年会

贰　文物精粹

第六章　陶瓷器

　　陶器出现于新石器时代早期，它的发明是人类文明发生的重要标志。以莒县陵阳河遗址为中心的制陶、玉石器等手工业较为发达。陶器有红陶、白陶、黑陶、灰陶、褐陶，器形有鼎、豆、盉、壶、罐、鬶、高柄杯、大口尊，纹饰有篮纹、附加堆纹、乳丁纹、镂孔、几何纹等。陶器数量多、种类全。特别是陵阳河、大朱家村、杭头等遗址所出土的夹砂灰陶大口尊、鸟形双錾鬶、算状鬶、牛角形陶号等，造型独特，为同时期文化所仅见。

　　龙山文化蛋壳陶杯的出现，将原始制陶技术推向巅峰。蛋壳陶质细而薄，色黑如漆，造型优美，是龙山文化的典型代表器物。莒县孟家洼遗址出土的蛋壳陶杯，口沿厚仅0.2毫米，其制作之精美，技术之高超，在整个史前制陶业中，处于遥遥领先的地位。

　　塘子岳石文化遗址所出土的陶豆、陶簋形器、敞口罐等，独特的造型，别致的纹饰在山东尚属首次发现。

　　周代时的莒国国力强盛，是古代东部的一个政治、经济、文化中心，从出土大量的绳纹陶鬲、陶罐、陶豆和莒城内所发现的制陶、铸钱作坊证明，其手工业、冶炼技术都有长足发展。

　　汉代盛行厚葬，喜欢将生活中的原型做成陶制模型，埋入墓内以慰亡灵。店子集镇马家石槽、刘官庄镇车辋沟、城阳镇慕家庄子等地发现的明器较为集中，种类有鸡、陶仓、仓楼、人物；容器以壶、奁、鼎、盘、罐居多。

　　汉代瓷器渐多见，莒县境内出土的青瓷器以罐、壶为主，与齐鲁故地所出土的同类器物形制有差异，而与东部沿海今苏北连云港、东海以及徐州一带墓葬中出土者相类似。魏晋南北朝时期的瓷器造型精美，而不乏珍品。唐代的龙首壶，造型典雅，釉色浑厚凝重，是难得一见的精品。莒国故城遗址出土的宋代绞胎罐，造型精美别致。

1. 白陶杯　大汶口文化

高12.0、口径10.0、腹深9.4、足径8.8厘米。

1977年莒县陵阳河遗址出土。夹砂白陶。喇叭口，圆唇，折沿，深腹，略束腰，喇叭状圈足。腹饰弦纹。该器造型简洁，通体洁白，器形完好，十分罕见。

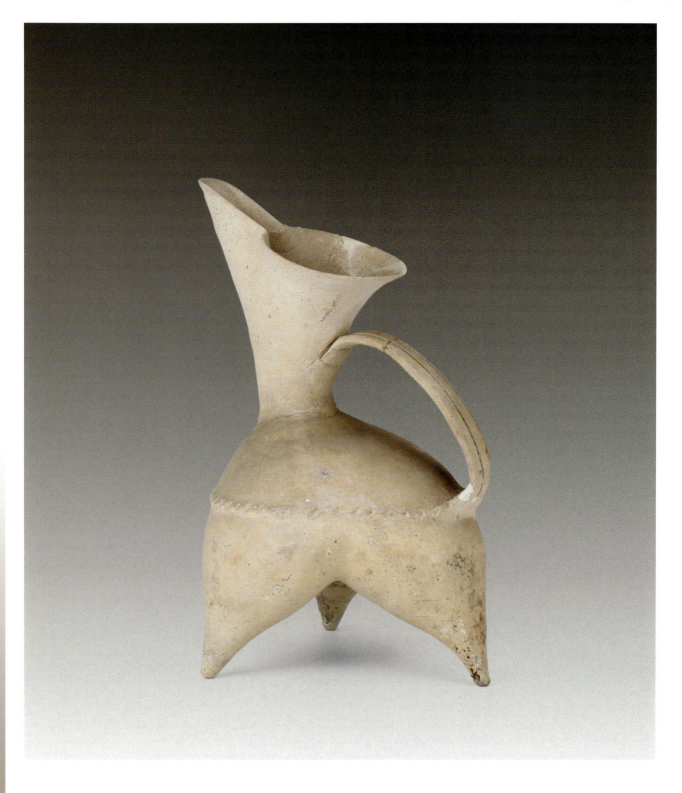

054

莒
县
博
物
馆

2. 白陶单柄鬶　大汶口文化

高26.6厘米。

1977年莒县陵阳河遗址出土。夹砂白陶，陶质较硬。侈口，窄短
流，颈较细，圆腹，三袋形足，足底实核。颈、腹间有一宽柄把
手，上饰三条弦纹，腹部中间饰一周附加堆纹。保存较好。

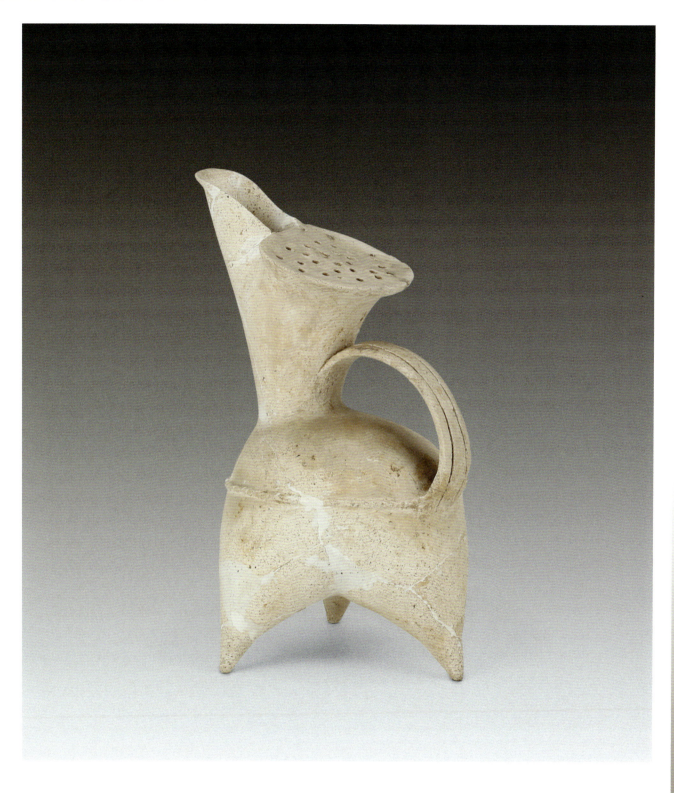

3. 白陶箅状鬶　大汶口文化

高24.8厘米。

1977年莒县陵阳河遗址出土。夹砂白陶。窄短流，圆口，口上有筛眼盖封堵，细颈，鼓腹，三袋形足。颈腹间安桥形鋬，其上饰两道凹弦纹，腹部饰一周附加堆纹。该器造型新颖，制作精良，在同时期文化中仅此一列。

4. 白陶双柄鬶　大汶口文化

高 37.5 厘米。

1983年莒县杭头遗址出土。夹砂白陶。窄长流，喇叭口，细高颈，鼓腹，三袋形足。腹部饰一周附加堆纹，颈下有一圆泥饼饰。颈腹间安有一桥形柄，其上饰两道凹弦纹；在柄的一侧、腹的上部安有一小桥形柄，其上饰三道凹弦纹，两柄高低错落有致，造型优美。保存完好。

5. 白陶双鋬鬶　大汶口文化

高34.0厘米。

1977莒县陵阳河遗址出土。夹砂白陶。窄长流，喇叭口，颈部细而高，鼓腹，三袋形足。背部两侧安双宽板状鋬，其上各饰三道凹弦纹；腹上饰一周附加堆纹；在背的后部安有一小短尾，其上亦饰有四道凹弦纹。胸前正中饰一凸钮，两侧饰对称的小圆饼饰。该器形若鸟状，构思巧妙，造型生动，制作精美。东夷以鸟为图腾，故创造出似鸟的陶鬶，成为富有地域文化特色的典型器。保存较好。

6. 黑陶高柄杯　大汶口文化

高18.4、口径8.6、足径6.8厘米。

1977年莒县陵阳河遗址出土。泥质黑陶，轮制，通体磨光。平口，折沿，短筒形杯身，细高柄，喇叭形圈足。杯身及柄饰凹弦纹，柄上有三角形镂孔。保存较好。

7. 黑陶高柄杯　大汶口文化

高22.3、口径7.3、足径6.4厘米。

1983年莒县杭头遗址出土。泥质黑陶，轮制，通体磨光。喇叭口，束腰，筒形杯身，圜底，筒腹底部有一周凸棱。高柄中空，柄中部略粗，台座形圈足。杯体有细弦纹轮痕，柄上饰圆形锥刺镂孔。保存较好。

8. 黑陶单耳杯 大汶口文化

高11.3、口径6.0、底径4.5厘米。

1983年莒县杭头遗址出土。泥质黑陶,通体磨光。侈口,束颈,凸垂腹,平底。腹上有一板状桥形耳。保存完好。

9. 黑陶单耳杯 大汶口文化

高16.9、口径11.0、底径7.0厘米。

1983年莒县杭头遗址出土。泥质黑陶,通体磨光。侈口,翻沿,粗高颈,下部折腹斜收,平底。腹部有一宽板状桥形耳。保存完好。

10. 黑陶单耳罐 大汶口文化

高18.0、口径11.8、底径7.2厘米。

1983年莒县杭头遗址出土。泥质黑陶，通体磨光。侈口，卷沿，鼓腹，小平底。腹侧有一宽板状桥形耳。保存较好。

11. 黑陶流口罐 大汶口文化

高22.5、口径11.5、底径7.4厘米。

1986年莒县大朱家村遗址出土。泥质黑陶。喇叭口，高颈，沿上一流，束颈，圆鼓腹，小平底。保存较好。

12. 黑陶高领壶　大汶口文化

高35.4、口径15.4、底径9.7厘米。

1983年莒县杭头遗址出土。泥质黑陶，通体磨光。侈口，凸圆唇，高领，斜肩，收腹，小平底。肩部饰一周附加堆纹，腹饰篮纹，并有一对称的鸡冠钮。该器通体黑亮，制作精湛，保存完好，十分罕见。

13. 黑陶双耳壶　大汶口文化

高20.8、口径11.0、底径7.0厘米。

1977年莒县陵阳河遗址出土。泥质黑陶。喇叭口，圆唇，高领，斜鼓肩，腹下收，小平底。肩部安一对称的宽板状桥形耳，通体素面。保存完好。

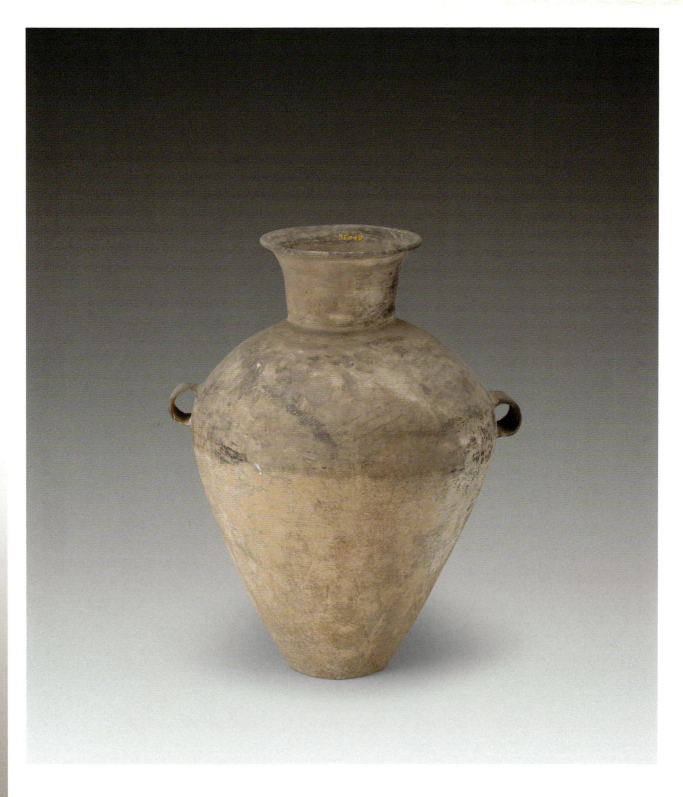

莒
县
博
物
馆

14. 褐陶双耳壶　大汶口文化

高49.0、口径18.0、底径11.5厘米。

1977年莒县陵阳河遗址出土。泥质褐陶。喇叭口，凸圆唇，高领，斜
鼓肩，腹下收，小平底。肩部有对称的宽板状桥形耳，肩上部磨光，
腹部略粗且饰篮纹。该器形体硕大，制作精良。保存完好。

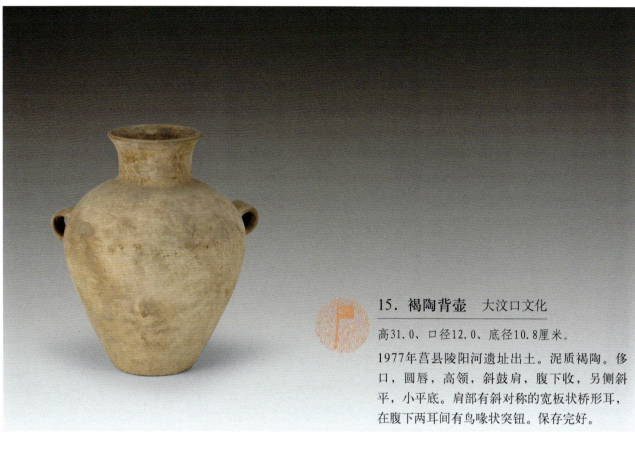

15. 褐陶背壶　大汶口文化

高31.0、口径12.0、底径10.8厘米。

1977年莒县陵阳河遗址出土。泥质褐陶。侈口，圆唇，高领，斜鼓肩，腹下收，另侧斜平，小平底。肩部有斜对称的宽板状桥形耳，在腹下两耳间有鸟喙状突钮。保存完好。

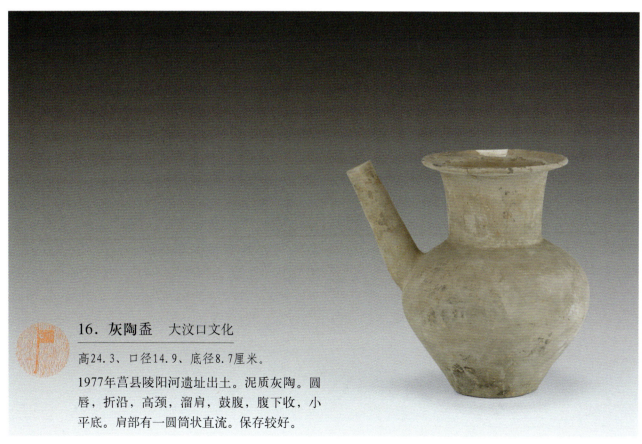

16. 灰陶盉　大汶口文化

高24.3、口径14.9、底径8.7厘米。

1977年莒县陵阳河遗址出土。泥质灰陶。圆唇，折沿，高颈，溜肩，鼓腹，腹下收，小平底。肩部有一圆筒状直流。保存较好。

17. 刻""形大口尊 大汶口文化

高52.0、口径30.0、壁厚3.0厘米。

1960年莒县陵阳河遗址出土。夹砂灰陶。平折沿，深直腹，尖底。器身饰浅篮纹，腹上部有刻符""形。刻符大口尊采用单线阴刻技法，笔顺工整，流畅。古文字学家于省吾先生释为"旦"字。其对研究中国文字的起源具有重要意义。保存较好。

 18．刻"☺"形大口尊 大汶口文化

高51.0、口径30.0、底径6.2、壁厚1.5厘米。
1962年莒县陵阳河遗址出土。夹砂灰陶。平口，折
沿，深直腹，尖底小圈足。腹下部饰有两道凸弦
纹，器身饰浅篮纹，在腹的上部刻有符号"☺"
形。保存较好。

莒县博物馆

 19. 刻"⊐⌐"形大口尊 大汶口文化

高63.0、口径39.0、壁厚2.4厘米。

1960年莒县陵阳河遗址出土。夹砂黄褐陶。折沿，
深直腹，尖底。口沿下和腹下各饰两道凹弦纹，弦
纹间饰有两周圆圈纹，通体饰篮纹，上腹部刻有符
号"⊐⌐"形，另一面刻有"⊥"形。保存较好。

 20. 刻"⊩"形大口尊 大汶口文化

高54.0、口径37.0、壁厚1.2厘米。

1960年莒县陵阳河遗址出土。夹砂灰陶。方唇,折沿,深直腹,尖底。腹下饰有两道凸弦纹,腹上部刻有"⊩"形,通体饰篮纹。保存较好。

莒
县
博
物
馆

 21. 刻""形大口尊　大汶口文化

高60.0、口径29.4、壁厚2.4厘米。

1976年莒县陵阳河遗址出土。夹砂灰陶。方唇，折沿，深直腹，尖底。腹的上下各饰有两道凹弦纹，弦纹间饰有两层圆圈纹，腹的上部刻有"　"形，通体饰篮纹。保存较好。

22. 黄褐陶鬶　龙山文化

高31.5厘米。

1999年莒县孟家洼遗址出土。夹砂黄褐陶。高流，长颈，鼓腹，三袋形锥状足，三泥条索状把手。高流下方两侧饰有一泥饼饰，腹部饰一周凸弦纹。

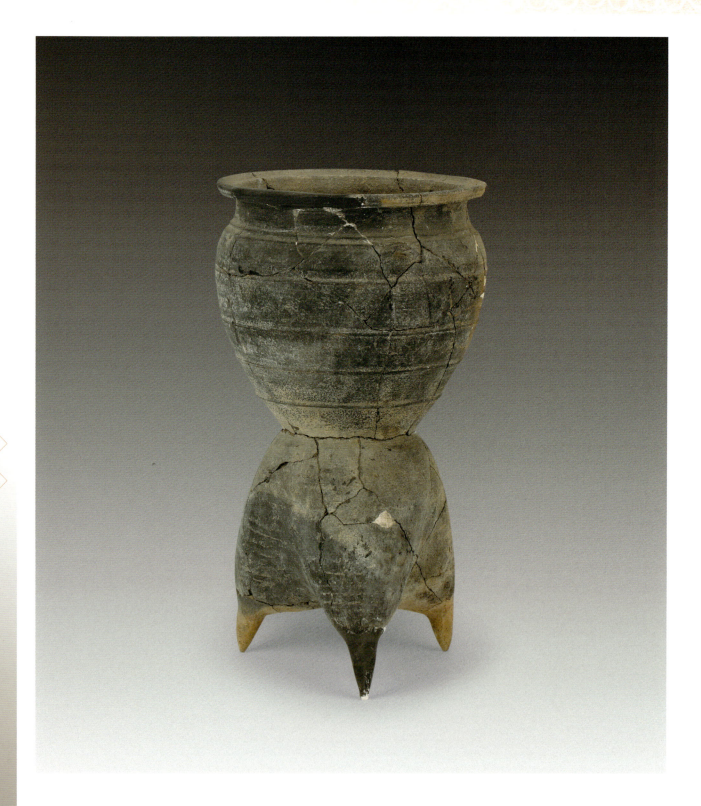

莒
县
博
物
馆

23. 黑陶鬻 龙山文化

通高39.9、口径21.4、裆高5.0厘米。

1996年莒县马庄遗址出土。夹砂黑褐陶。侈口，卷沿，凸方唇，束颈，甑部
鼓腹，口沿下饰一对称横条鼻钮，腹部饰4道凸弦纹；鬲部为袋形足，弧裆。

24. 黑陶单耳杯　龙山文化

高18.0、口径9.5、底径7.2厘米。

莒县仕阳遗址出土。泥质黑陶。侈口，圆唇，深直腹，平底。腹上有一板状桥形耳，器体上部饰宽弦纹，下部饰细弦纹。保存较好。

25. 蛋壳陶杯　龙山文化

高13.3、口径10.3、足径5.9厘米，口沿最薄处仅0.2毫米。

1999年莒县东莞孟家洼遗址出土。泥质黑陶，轮制。口沿宽广上翻，杯身呈直筒状，腹深壁直，圜底，套入器座内。座呈筒形，承托杯身，座与杯身起柄的作用。杯身饰纤细的凹弦纹，座上部外凸，饰有不规则的镂孔，下部束腰接圈足。该器陶质细腻，造型优美，工艺精湛，十分罕见。

莒
县
博
物
馆

26. 黄褐陶豆　岳石文化

高23.8、盘口径22.0、足径14.8厘米。

1988年莒县塘子遗址出土。泥质黄褐陶。圆唇，浅盘，
盘呈内凹形，柄部上粗下细，中空，喇叭形足。盘内外
及足饰凸弦纹，柄中部饰凹弦纹、三角形镂孔。

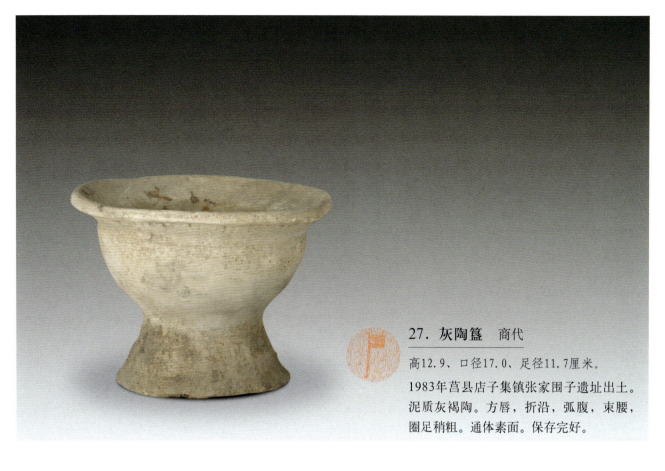

27. 灰陶簋 商代

高12.9、口径17.0、足径11.7厘米。

1983年莒县店子集镇张家围子遗址出土。泥质灰褐陶。方唇，折沿，弧腹，束腰，圈足稍粗。通体素面。保存完好。

28. 灰陶罐 商代

高22.1、口径15.9、底径10.9厘米。

1992年莒县峤山镇牛家庄遗址出土。夹细砂灰陶。斜方唇，直颈略束，折肩，斜腹，平底。腹部饰有细绳纹。保存完好。

29. 灰陶豆 西周

高14.0、口径16.1、足径11.7厘米。

1990年莒故城出土。夹细砂灰陶。方唇，弧壁，浅盘，矮柄，喇叭状圈足。柄中部饰有凹弦纹一周。保存完好。

30. 灰陶罍 春秋

高25.9、口径15.8、底径11.5厘米。

1981年莒县店子集镇何家村出土。泥质灰陶。侈口，折沿，折肩，收腹，平底略凹。腹部饰绳纹，中部抹划隔断。保存较好。

31. 灰陶罐 春秋

高22.5、口径13.5、底径11.6厘米。

1995年莒县马庄遗址M4出土。泥质灰陶。方唇，小斜直口，折肩，深腹下收，平底略凸。肩部饰有两组凹弦纹，腹部饰绳纹并有一道抹划隔断。保存完好。

32. 灰陶罐 春秋

高18.6、口径11.3、底径9.0厘米。

1995年莒县马庄遗址T17M2出土。泥质灰陶。侈口，圆唇，折沿，溜肩，折腹，小平底。肩上素面，腹下饰绳纹至底。保存完好。

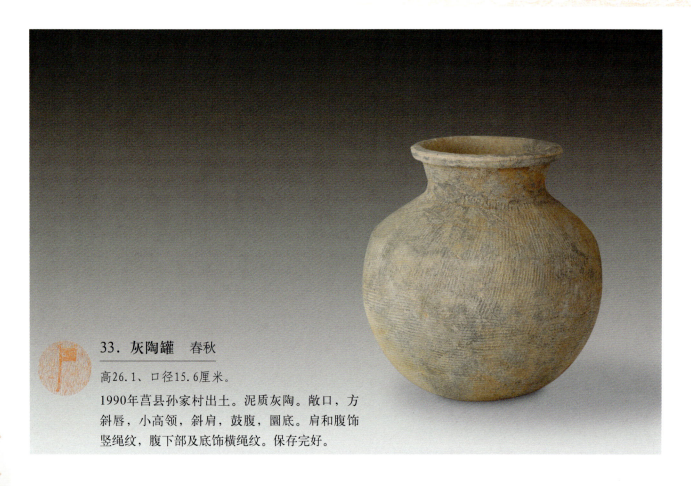

33. 灰陶罐 春秋

高26.1、口径15.6厘米。

1990年莒县孙家村出土。泥质灰陶。敞口，方斜唇，小高领，斜肩，鼓腹，圜底。肩和腹饰竖绳纹，腹下部及底饰横绳纹。保存完好。

莒县博物馆

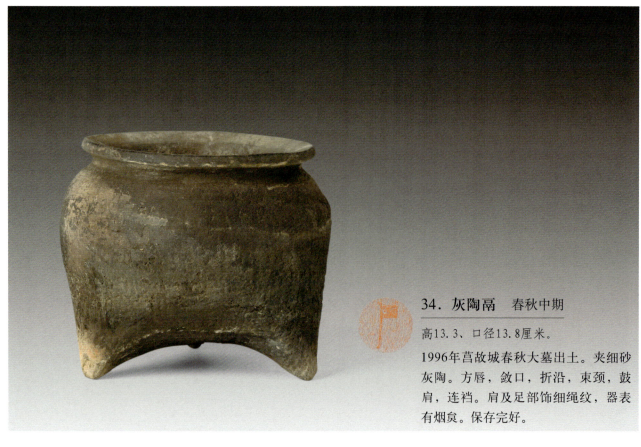

34. 灰陶鬲 春秋中期

高13.3、口径13.8厘米。

1996年莒故城春秋大墓出土。夹细砂灰陶。方唇，敛口，折沿，束颈，鼓肩，连裆。肩及足部饰细绳纹，器表有烟炱。保存完好。

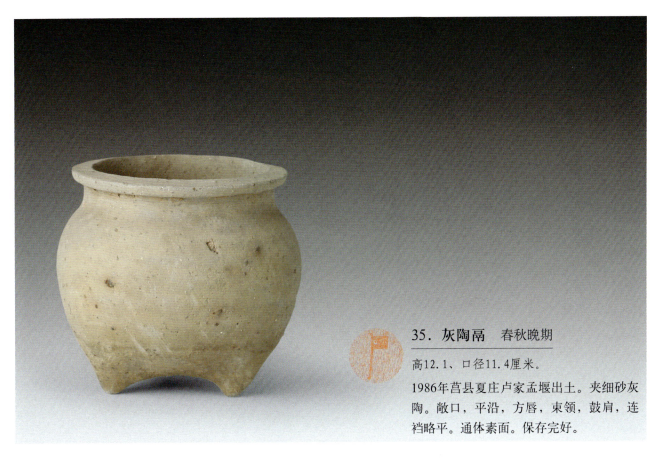

35. 灰陶鬲　春秋晚期

高12.1、口径11.4厘米。

1986年莒县夏庄卢家孟堰出土。夹细砂灰陶。敞口，平沿，方唇，束领，鼓肩，连裆略平。通体素面。保存完好。

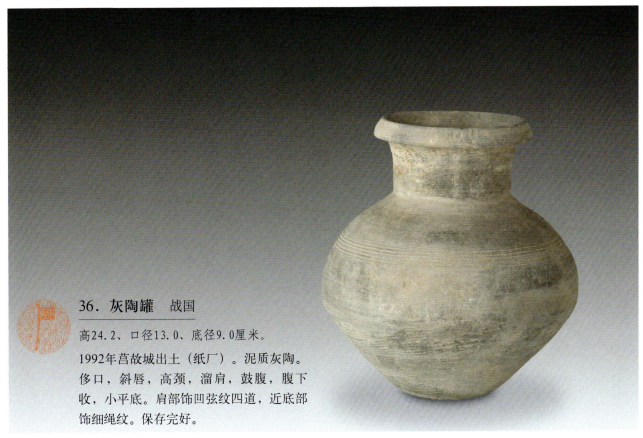

36. 灰陶罐　战国

高24.2、口径13.0、底径9.0厘米。

1992年莒故城出土（纸厂）。泥质灰陶。侈口，斜唇，高颈，溜肩，鼓腹，腹下收，小平底。肩部饰凹弦纹四道，近底部饰细绳纹。保存完好。

莒县博物馆

37. 灰陶豆　战国

高27.6、口径17.5、足径13.5厘米。

1983年莒县杭头遗址出土。泥质灰陶。圆唇，敞口，直沿，浅盘，空心细高柄，喇叭形圈足。通体素面。保存完好。

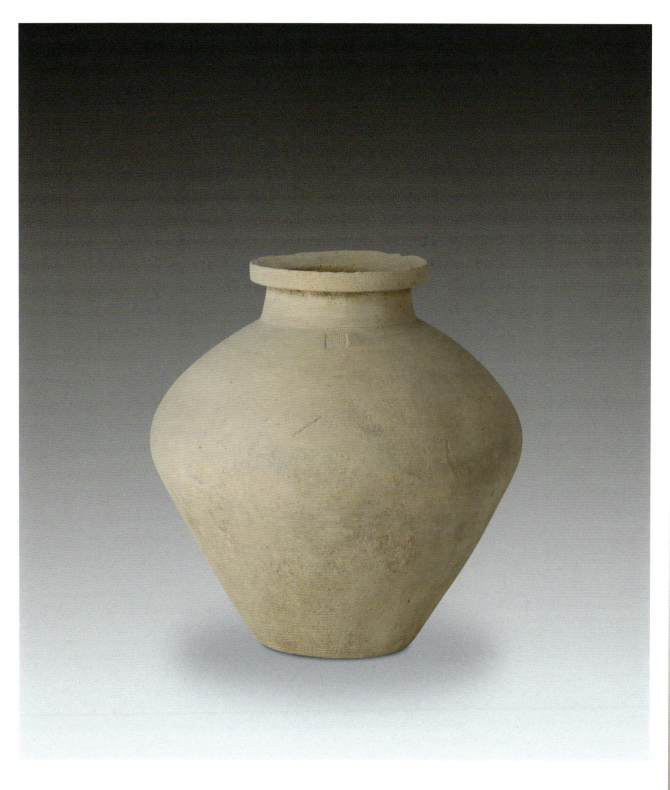

38. 褐陶罐　汉代

高38.8、口径17.4、底径15.8厘米。

1996年莒故城出土（纸厂）。夹细砂黄褐陶。直口，折沿，方唇，短束颈，溜肩，鼓腹，小平底。肩部有一"□□"戳记，腹下部饰细绳纹。保存完好。

39．灰陶罐　汉代

高24.2、口径14.1、底径14.4厘米。

1994年莒县博物馆征集。泥质灰陶。侈口，圆唇，束颈，斜肩，鼓腹，腹下略收，平底。肩部饰两周凹弦纹，底部饰卷云纹，瓦当形。保存完好。

40．灰陶罐　汉代

高29.2、口径13.9、底径16.2厘米。

1966年陵阳镇官庄采集。泥质灰陶。直口，方唇，短颈，溜肩，鼓腹下收，平底。平顶盖。通体素面。保存完好。

41. 褐陶壶　汉代

高38.0、口径17.0、足径15.5厘米。

店子集镇西北崖村出土。泥质黄褐陶，施陶衣。侈口，方唇，长颈，鼓腹下收，圈足。通体素面。保存完好。

42. 灰陶壶　汉代

高29.0、口径13.9、足径10.0厘米。

1990年刘官庄镇王家泉头村出土。泥质灰陶。盘口，圆唇，长颈略粗、微内束，溜肩，鼓腹，圜底，小矮圈足。肩部有两周凹弦纹和对称铺首衔环。保存完好。

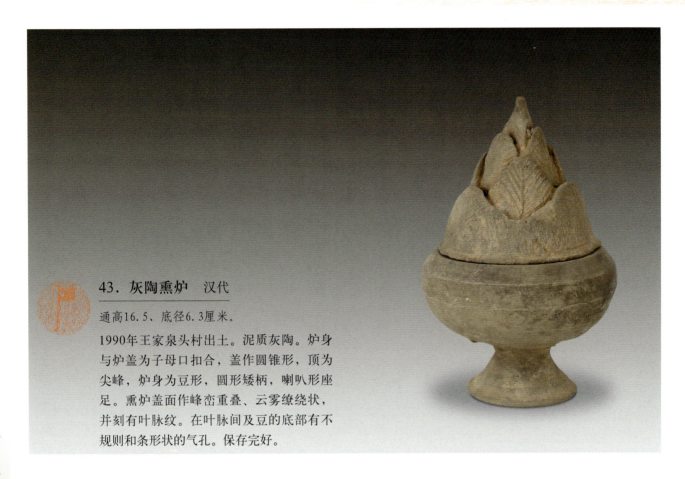

43. 灰陶熏炉 汉代

通高16.5、底径6.3厘米。

1990年王家泉头村出土。泥质灰陶。炉身
与炉盖为子母口扣合，盖作圆锥形，顶为
尖峰，炉身为豆形，圆形矮柄，喇叭形座
足。熏炉盖面作峰峦重叠、云雾缭绕状，
并刻有叶脉纹。在叶脉间及豆的底部有不
规则和条形状的气孔。保存完好。

44. 灰陶俑 汉代

高32.0厘米。

1992年刘官庄镇车辋沟出土。泥质灰陶。女
侍立俑，头梳发髻置于脑后，略低首垂目，
面带笑容，拱手落肩，神态虔诚温顺。身着
单层交领宽袖曳地大喇叭长裙，微露双足，
脚穿云头履。保存完好。

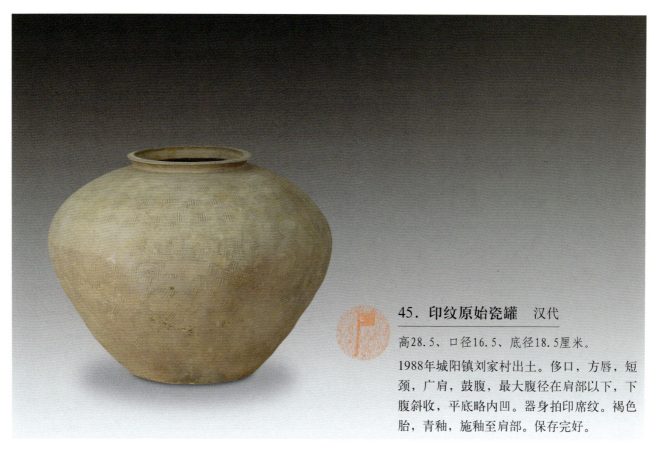

45. 印纹原始瓷罐　汉代

高28.5、口径16.5、底径18.5厘米。

1988年城阳镇刘家村出土。侈口，方唇，短颈，广肩，鼓腹，最大腹径在肩部以下，下腹斜收，平底略内凹。器身拍印席纹。褐色胎，青釉，施釉至肩部。保存完好。

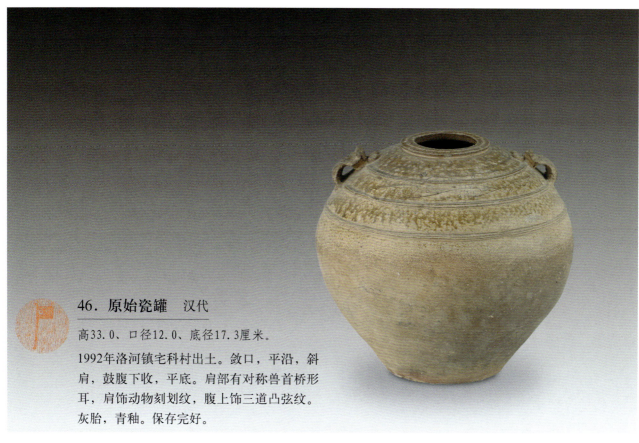

46. 原始瓷罐　汉代

高33.0、口径12.0、底径17.3厘米。

1992年洛河镇宅科村出土。敛口，平沿，斜肩，鼓腹下收，平底。肩部有对称兽首桥形耳，肩饰动物刻划纹，腹上饰三道凸弦纹。灰胎，青釉。保存完好。

47. 青瓷双系罐 汉代

高11.0、口径9.1、底径8.0厘米。

2000年莒故城出土。侈口，圆唇，束颈，斜肩，鼓腹下收，平底。肩部饰对称桥形耳，肩至腹饰瓦棱纹。灰胎，青釉。保存完好。

48. 青瓷双系壶 汉代

高32.8、口径13.7、底径12.8厘米。

2006年莒县慕家庄子出土。喇叭口，圆唇，束颈，斜肩，鼓腹，矮圈足。肩部饰有对称的桥形耳，颈下饰水波纹，肩、腹各饰凸弦纹三周，腹下饰瓦棱纹。灰胎，青釉。保存完好。

49. 青瓷双系壶　汉代

高23.3、口径11.3、底径11.2厘米。

1982年浮来山镇马顾屯出土。喇叭口，圆唇，束颈，溜肩，鼓腹下收，矮圈足。颈部饰水波纹，肩饰对称桥形耳，并有凹弦纹两周，腹下部饰瓦棱纹。灰胎，青釉。保存完好。

50. 青瓷双系壶　汉代

高35.0、口径14.1、底径13.7厘米。

1994年莒县马庄遗址出土。盘口，圆唇，细长颈，溜肩，鼓腹，平底。颈下饰一组水波纹，肩上两侧有对称桥形耳，肩部饰有凹弦纹一周，腹饰瓦棱纹。灰胎，青釉。保存完好。

51. 青瓷长颈瓶　汉代

高24.3、口径5.6、底径11.0厘米。

1988年莒县城阳镇东陈家楼村出土。直口，方唇，细
长颈，溜肩，鼓腹下收，内凹圈足，呈蒜头状。口沿
及颈部饰水波纹，腹上饰凹弦纹三组，施青釉至腹下
部。灰胎，青釉。保存完好。

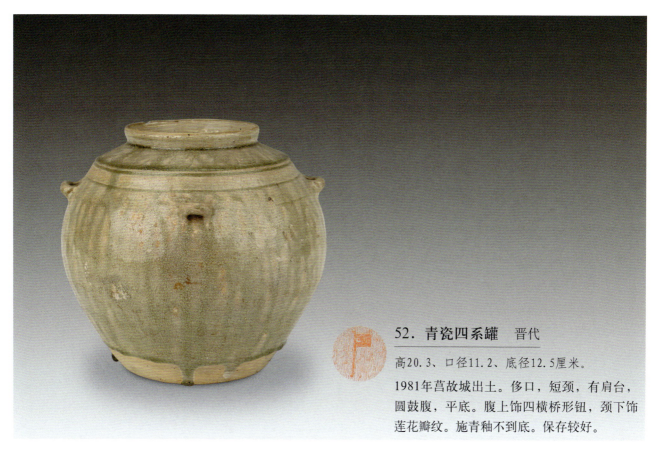

52. 青瓷四系罐　晋代

高20.3、口径11.2、底径12.5厘米。

1981年莒故城出土。侈口，短颈，有肩台，圆鼓腹，平底。腹上饰四横桥形钮，颈下饰莲花瓣纹。施青釉不到底。保存较好。

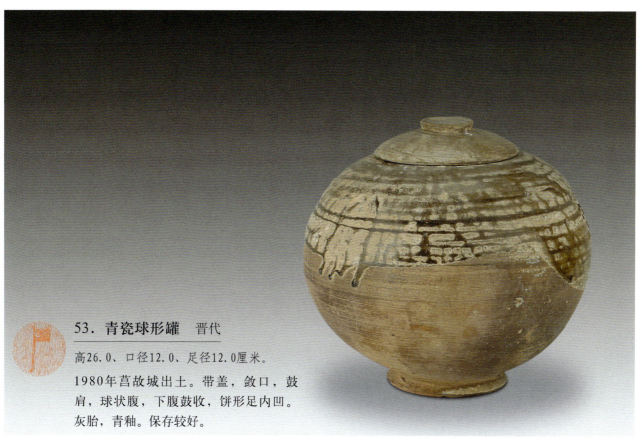

53. 青瓷球形罐　晋代

高26.0、口径12.0、足径12.0厘米。

1980年莒故城出土。带盖，敛口，鼓肩，球状腹，下腹鼓收，饼形足内凹。灰胎，青釉。保存较好。

54. 青瓷双系壶 隋代

高34.3、口径9.4、底径11.3厘米。

1982年莒县城阳镇土门首村出土。盘口，束颈，溜肩，圆鼓腹下收，饼形足。盘口下有对称的条状桥形系，肩部有三周凹弦纹。口内外及肩、腹下施青釉，余下部露胎。保存较好。

55. 青瓷四系壶　隋代

高19.0、口径6.7、底径5.9厘米。

1995年莒故城二城垣铸钱遗址M1出土。盘口，折沿，圆唇，细高颈，广肩下收，小平底内凹。肩上饰对称四个双条状桥形系，并有凹弦纹一周，折沿上、颈部饰凹弦纹。施青釉至腹下。保存完好。

56. 青瓷敛口罐　隋代

高18.2、口径11.4、底径11.3厘米。

1995年莒故城二城垣铸钱遗址M1出土。敛
口，方唇，圆腹，饼形足。肩、腹、腹下饰凹
弦纹三组。器表施青釉不及底。保存完好。

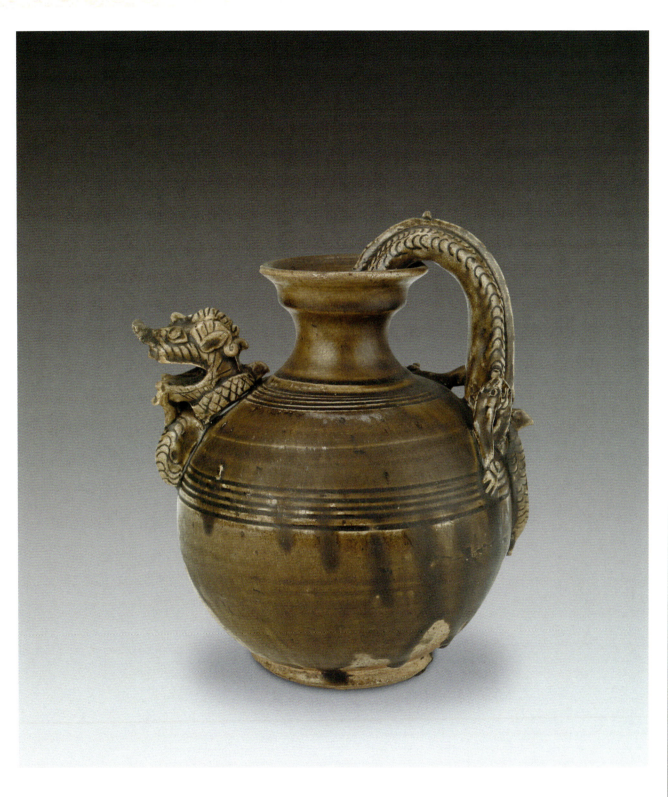

57. 龙首壶　唐代

高23.0、口径8.3、底径9.5厘米。

1980年莒县城阳镇土门首村南出土。盘口，束颈，溜肩，鼓腹，饼形足。腹上塑一卧龙从盘口内入腹，从对侧肩部露出龙首，龙体作柄，龙首作流。颈下及腹上各饰凹弦纹数周。施酱色釉不及底。保存完好。

莒县博物馆

58．青瓷钵 唐代

高7.9、口径9.0、底径7.0厘米。

2001年莒故城出土。敛口，圆唇微上翘。鼓腹矮扁，平底内凹。白胎，内壁及外腹上壁施青釉。保存较好。

59．青瓷钵 唐代

高10.1、口径9.4、足径9.8厘米。

2001年莒县井家葛湖村出土。侈口，小翻沿，圆唇，溜肩，鼓腹下收，饼形足。施釉不到底。保存完好。

60. 白釉执壶 唐代

高23.6、口径9.5、底径9.0厘米。

1980年莒县城阳镇土门首村西南出土。口微侈，圆唇，长颈，溜肩，腹微鼓，平底。肩部短流上翘，其对面双圆条形执柄。器表施白釉。保存完好。

61. 青瓷球形罐 唐代

高22.5、口径11.6、底径10.7厘米。

1985年莒故城出土。小口，凸圆唇外折，鼓肩，球形腹，下腹鼓收，饼形足内凹。器内外施青釉不到底。保存完好。

莒
县
博
物
馆

62. 白釉印花盘 宋代

高3.5、口径17.7、足径6.2厘米。

1980年莒县浮来山西出土。敞口，平唇，浅弧腹，圈足。芒口，胎体较薄，胎质细腻，盘边印云纹，内壁印花鸟纹，盘中心印花卉纹。保存完好。

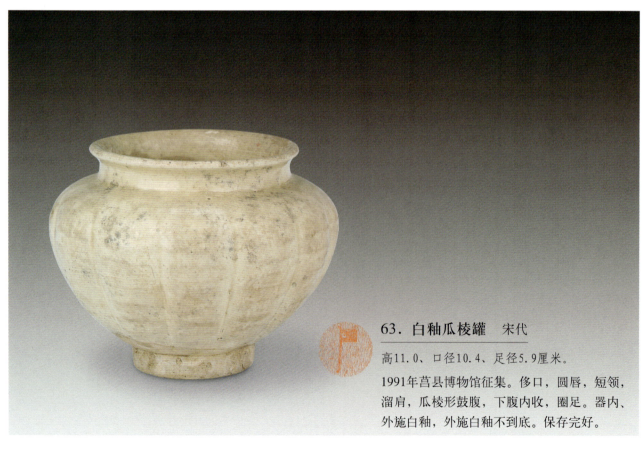

63. 白釉瓜棱罐 宋代

高11.0、口径10.4、足径5.9厘米。

1991年莒县博物馆征集。侈口，圆唇，短领，溜肩，瓜棱形鼓腹，下腹内收，圈足。器内、外施白釉，外施白釉不到底。保存完好。

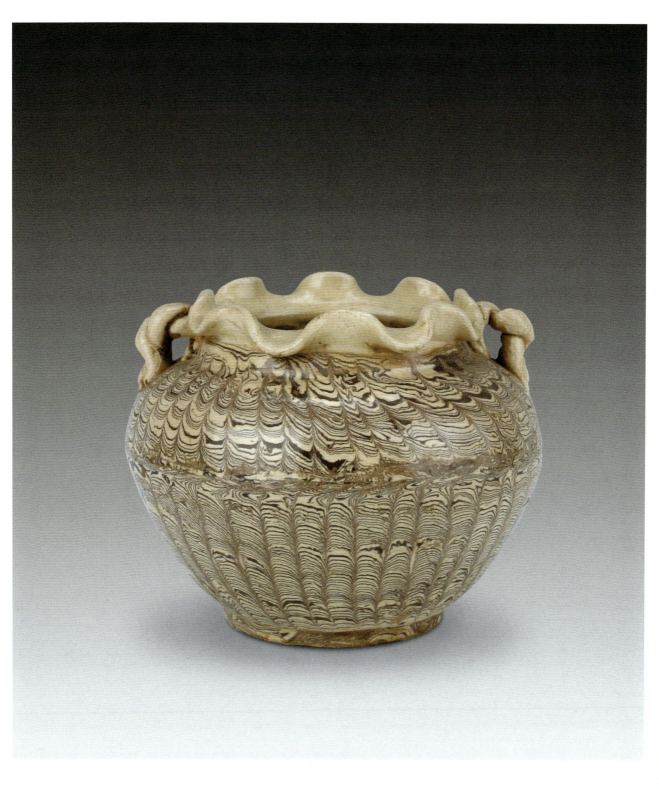

64. 绞胎罐 宋代

高10.4、口径9.3、底径7.0厘米。

2005年莒县城阳镇孔家街出土。葵口似莲瓣，圆唇，溜肩，
鼓腹，下腹斜收，小圈足。肩上有对称扭索状双系。白色胎
挂釉口沿，体为绞胎。保存完好。

莒　县　博　物　馆

65. 白釉划花枕　宋代

高9.0、枕面长15.6、宽11.3厘米。

1986年莒故城出土。器呈长方形，枕面下凹，两端上翘，周壁直立稍内斜，略呈银锭形。枕面下方刻划为波浪纹，上方有一天鹅状的鸟。枕的底部无釉并有一圆孔。釉色呈灰白。保存完好。

66. 青釉亚腰枕　宋代

长20.1、宽10.5、高11.0厘米。

1980年莒县博物馆征集。枕呈束腰长方形，两端壁呈方形，枕面前后两侧壁各有三个支钉痕，两端壁其中一侧有气孔。整器两面内凹，呈亚腰状。胎呈灰褐色，坚致。施青釉。保存完好。

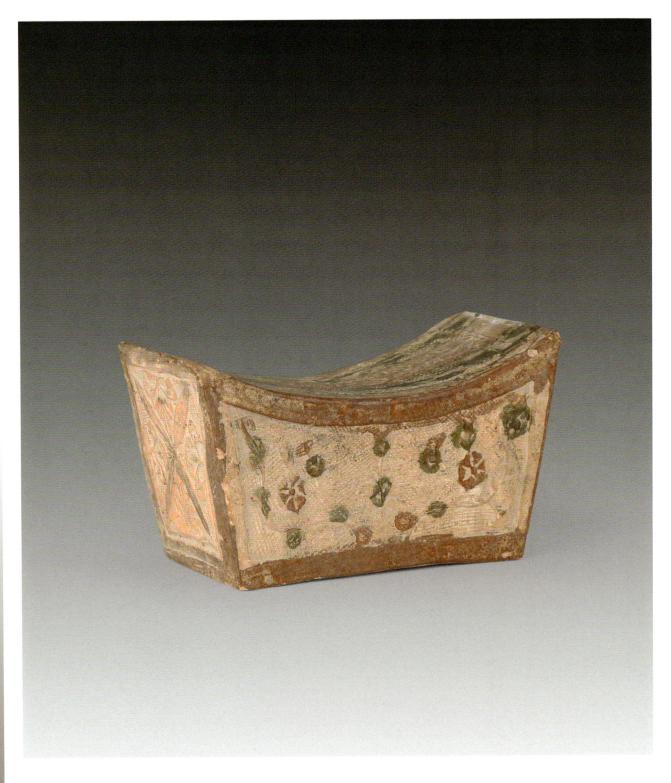

098

莒 县 博 物 馆

67. 三彩枕　金代

高10.2、长18.7、宽8.7、底长14.6厘米。

1980年莒县博物馆征集。枕呈长方形，枕面下凹，两端翘起，周壁直立稍内斜，略呈银锭形；一侧壁有气孔；枕面中间雕有花卉纹，上下为折线纹；枕的前后两壁雕有花卉纹；两侧壁雕有四叶草纹，每叶间雕有花卉纹。器施绿、红色釉，底无釉。保存完好。

68. 黑褐钵　金代

高8.8、口径12.2、底径6.0厘米。

1994年莒故城出土。直口，圆唇，筒形壁，下腹圆折，圈足。黑釉，施釉至下腹部。保存较好。

69. 黑釉剔花罐　金代

高15.1、口径15.8、底径11.7厘米。

1991年莒城西关出土。子母口，直腹，圈足。外腹剔刻凹弦纹与缠枝纹。胎质细白，内外施黑釉，口、圈足无釉。

莒
县
博
物
馆

70. 黑釉双系罐　元代

高15.9、口径10.2、底径7.3厘米。

1998年莒故城出土。圆唇，短直领，圆肩，鼓腹，圈足。肩与直领处有对称的桥形系。器表施黑釉不及底，光洁莹润。保存完好。

71. 黑釉罐　元代

高18.5、口径12.1、底径8.2厘米。

1966年青峰岭水库出土。敛口，圆突唇，短直领内敛，斜肩，鼓腹，下腹斜内收，隐圈足。整器满施黑釉。保存完好。

72. 白地黑花罐 元代

高24.2、口径17.2、底径10.6厘米。
1994年莒县招贤镇出土。圆唇、直口
微敛、溜肩、鼓腹、下腹急收、隐圈
足。腹上白地黑花、领上饰水波纹、
肩饰黑花纹。腹上部施白釉、下腹施
黑釉至底。保存完好。

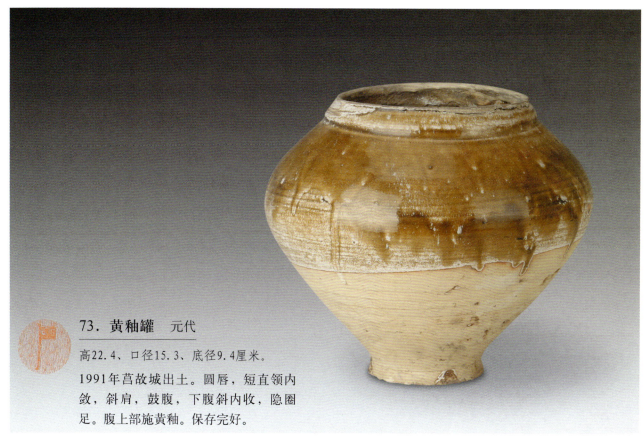

73. 黄釉罐 元代

高22.4、口径15.3、底径9.4厘米。
1991年莒故城出土。圆唇、短直领内
敛、斜肩、鼓腹、下腹斜内收、隐圈
足。腹上部施黄釉。保存完好。

74. 白地黑花四系壶　元代

高30.5、口径6.1、足径12.0厘米。

1995年浮来山北侧三十里堡出土。小口，圆唇，矮颈，溜肩，腹下垂，圈足。白胎，肩颈间有四扁条桥形系；口沿下饰一周黑条纹，四系间各饰一花卉；肩上饰三周黑条纹；腹饰花卉、草叶纹；再下为一周黑条纹。施白釉不到底。保存较好。

75. 蓝釉瓶　元代

高25.5、口径5.7、底径9.5厘米。

1976年莒县博物馆征集。敛口，鼓肩，肩下收亚腰状，底部外撇，平底内凹。通体施蓝釉。保存完好。

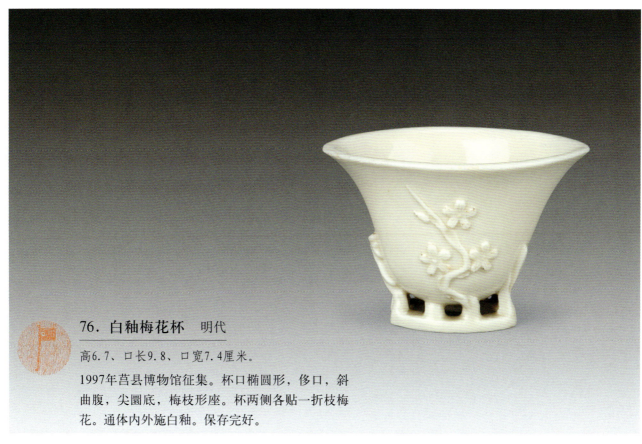

76. 白釉梅花杯　明代

高6.7、口长9.8、口宽7.4厘米。

1997年莒县博物馆征集。杯口椭圆形，侈口，斜曲腹，尖圆底，梅枝形座。杯两侧各贴一折枝梅花。通体内外施白釉。保存完好。

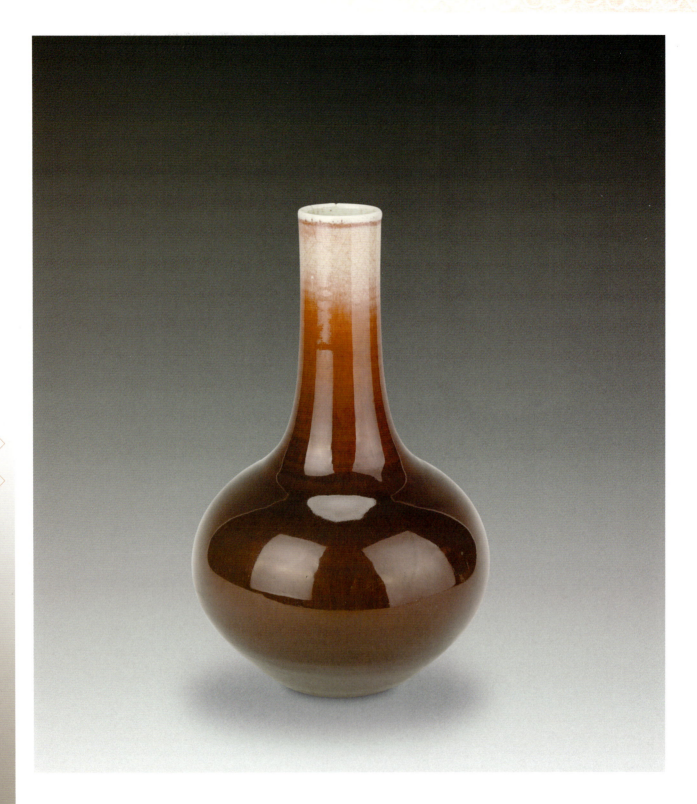

莒
县
博
物
馆

77. 红釉长颈瓶　　清代

高32.0、口径5.5、底径10.5厘米。

1976年莒县博物馆征集。小口，圆唇，长细颈，溜肩，
鼓腹下收，圈足。通体施红釉。保存完好。

第七章　玉石器

古代玉器是沟通天地、祭祀鬼神的法器，也是明辨身份、严格尊卑等级的凭信。"君子无故，玉不离身"，古人将玉器作为君子为人处世、洁身自爱的标准。所以，历代以佩玉为尚，不仅用以表示身份地位，而且用来规范自己的行为举止。

莒地境内出土了丰富的玉石器，旧石器时代主要为刮削器、尖状器、砍砸器等。新石器时代发明了切割、钻孔、磋磨等新技术，玉石器的造型多样、制作精美。陵阳河、大朱家村、杭头、仕阳遗址出土的大型玉铲、扁玉琮、玉砭石等器，开创了莒地玉石器的新风尚。

商周时期，本地区玉石器的种类增多，形制丰富多样。玉器为统治阶级在维护社会稳定、宗法礼制等方面发挥了重要的作用，成为这一时期佩玉的主要特色。

古代玉器是财富的象征，大多被王公贵族所拥有，平民则一般很少。从墓葬出土玉器情况看，氏族首领、贵族墓葬常常随葬大量的精美玉器，反映出墓主人的经济财力和社会地位。1997年龙山镇王家山出土2件春秋时期牛首形玉饰，玉质上乘，工艺精湛，形态逼真，带有明显的地域风韵，是不可多得的珍品。

汉朝玉器以玉璧为主。1985年在莒城涤纶厂院内出土的大型玉璧，构思巧妙，纹饰繁缛，可见汉代玉器制作的高超水平。1978、2001年齐家庄汉墓群出土玉衣、玉握、玉璧，1992年于安岭汉墓群出土的蟠螭纹玉佩等，均造型别致，制作精美。汉代以降，以礼仪玉和丧葬玉为主体的传统用玉逐渐转变为以装饰玉和把玩玉为主。

莒县博物馆所收藏玉石器，种类齐全，尤以大汶口、汉代、唐宋时期的玉器最为精美，是馆藏文物中的代表。

莒县博物馆

1. 玉铲　大汶口文化

高19.6、刃宽10.0、孔径1.6厘米。

莒县陵阳河遗址出土。青玉质，半透明体。长方形，器扁平，平顶，两边圆滑，两边磨刃，刃部略呈弧形，四边较薄，中间较厚，通体磨光。靠顶端有一圆孔，两面钻。此铲保存完好，甚为少见。

2. 黄玉铲　大汶口文化

高14.3、顶宽9.7、刃宽10.2、孔径1.1厘米。

莒县陵阳河遗址出土。黄玉质。长方形，器扁平，平顶，两边较薄，双面刃，通体磨制，上部有2孔，对钻。保存完好。

莒 县 博 物 馆

3. 玉铲 大汶口文化

高26.7、顶宽9.5、刃宽10.5、孔径2.0厘米。

1979年莒县陵阳河遗址出土。青玉质。长方形,器扁平,平顶,刃微弧,有使用痕迹。两边薄近似刃部。保存完好。

 4. 玉钺　大汶口文化

高28.8、顶宽15.4、刃宽16.6、孔径1.4厘米。

1988年莒县仕阳遗址出土。乳白色。长方形，束腰。器扁平，平顶，双面刃，顶部有一对钻穿孔。两侧之薄近似刃部，通体光滑。该钺器形硕大，著录中仅见。

莒县博物馆

5. 连弧刃玉钺　大汶口文化

高18.6、宽16.6厘米。

1985年莒县大朱家村前河内采集。浅绿色。器呈长方形，平顶，三连弧刃，器身较厚，两侧圆滑，上部有一对钻穿孔，器身光滑。保存完好。

6. 白玉璧　*大汶口文化*

直径14.9、孔径6.6、厚1.4厘米。

1977年莒县陵阳河遗址出土。器为白色。圆形，扁平，中间大圆孔，两面平整光滑。保存完好。

莒
县
博
物
馆

7. 扁玉琮 大汶口文化

边长12.6、孔径6.5、厚0.8厘米。

1983年莒县杭头遗址出土。器为褐绿色。扁方形，中间
为圆孔，四边圆滑。保存完好。

8. 玉虎　春秋

长13.2、厚0.5厘米。

2002年莒县博物馆征集。器呈虎形，卧姿，低首，背弓，闭口，以细粗不等的阴线刻虎的眼、耳和身上的斑纹。尾粗长下垂，尖部上卷。口与尾处各有一圆形穿孔，系佩戴之用。保存完好。

9. 牛首形玉饰　春秋

高2.51、宽2.05、厚0.25厘米。

1997年莒县龙山镇王家山村出土。器呈绿色。两件大小一致。器扁薄呈牛首形，双角曲翅内敛相对构成一圆孔，以阴线刻牛首的眼、鼻孔和牛角。下部有穿孔，系佩戴之用。保存完好。

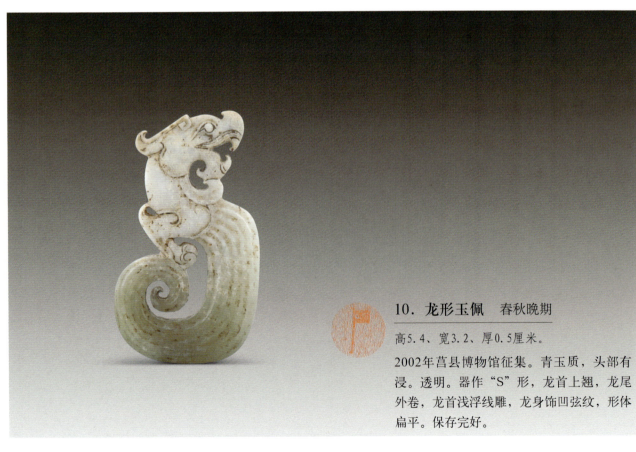

10. 龙形玉佩　春秋晚期

高5.4、宽3.2、厚0.5厘米。

2002年莒县博物馆征集。青玉质，头部有浸。透明。器作"S"形，龙首上翘，龙尾外卷，龙首浅浮线雕，龙身饰凹弦纹，形体扁平。保存完好。

11. 玉璧　汉代

直径22.2、厚0.6、孔径4.8厘米。

1985年莒县涤纶厂院内出土。器深绿色，圆形，体扁平，中有一圆孔，周缘起棱，两面雕刻相同的纹饰。纹饰分两组，一组满布谷纹，二组为凹线交织在一起的一首双身的龙纹。谷纹与龙纹之间有绳索纹相隔。保存完好。

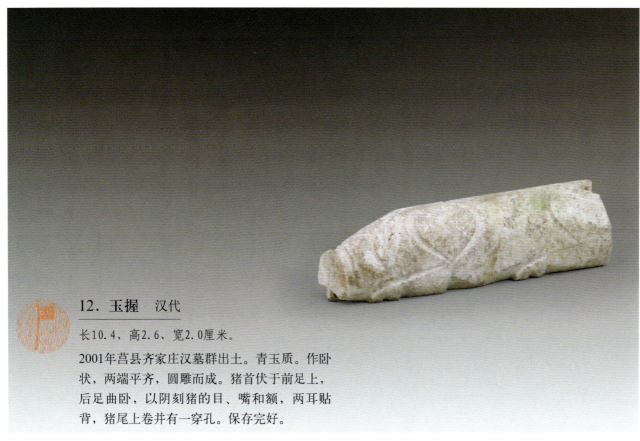

12. 玉握　汉代

长10.4、高2.6、宽2.0厘米。

2001年莒县齐家庄汉墓群出土。青玉质。作卧状，两端平齐，圆雕而成。猪首伏于前足上，后足曲卧，以阴刻猪的目、嘴和额，两耳贴背，猪尾上卷并有一穿孔。保存完好。

莒县博物馆

13．花形玉碗 唐代

高8.5、口径9.5厘米。

1977年莒县肖家河村出土。青色。器呈花状。椭圆形口，由5个花瓣组成，花内凸雕一束花蕊向上，其外透雕花枝、叶于壁外。整件器物状似一朵盛开的花。保存完好。

14．花形玛瑙杯 唐代

高10.0厘米。

1977年莒县肖家河村出土。黄褐色。器呈喇叭花状，口沿上镂刻小鸟与松鼠相对而视，器壁周围镂雕枝叶绕于花上。该器雕刻精细，形态逼真。保存完好。

15. 玛瑙洗　唐代

高5.5厘米、长12.0厘米。

1977年莒县肖家河村出土。黄褐色。器呈椭圆，形似甜瓜，敛口，镂刻瓜秧、叶和两小瓜绕于器周。构思巧妙，镂刻精细，质地莹润透亮。保存完好。

16. 玉马　元代

高5.0、身长5.8厘米。

莒县博物馆征集。白色，有浸斑。圆雕。马昂首，双竖耳，张目前视，鼻有双孔。颈部粗圆，前胸略凸，体肥膘壮，腿部肌肉清晰，马蹄分明，前腿弯曲呈奔跑状，后腿微曲，四足立于椭圆座之上。马背之上驮一箱形物。颈鬃及马尾下垂，马身、底座阴刻细线纹。保存完好。

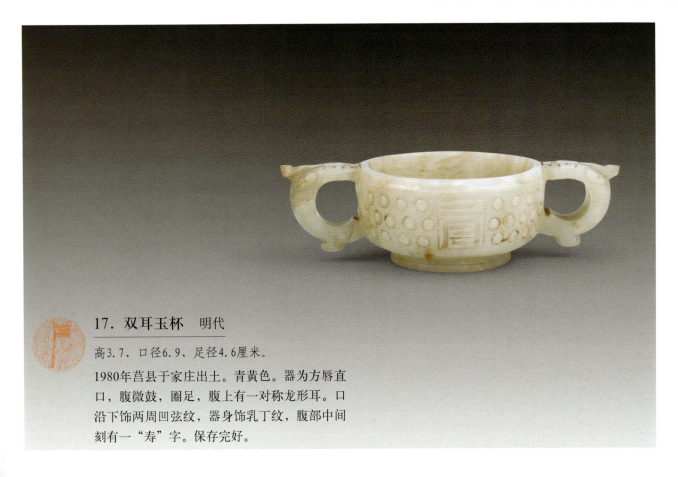

17. 双耳玉杯 明代

高3.7、口径6.9、足径4.6厘米。

1980年莒县于家庄出土。青黄色。器为方唇直口，腹微鼓，圈足，腹上有一对称龙形耳。口沿下饰两周凹弦纹，器身饰乳丁纹，腹部中间刻有一"寿"字。保存完好。

18. 篮形翡洗 明代

高7.8、长11.2厘米。

1981年莒县洛河镇出土。器作篮形，篮把之上一块红刻作太阳，周围5块红刻大小5只蝙蝠，围绕太阳。其他白色刻卷云纹。整个器用浅浮雕技法。此器构思巧妙，匠心独具。保存完好。

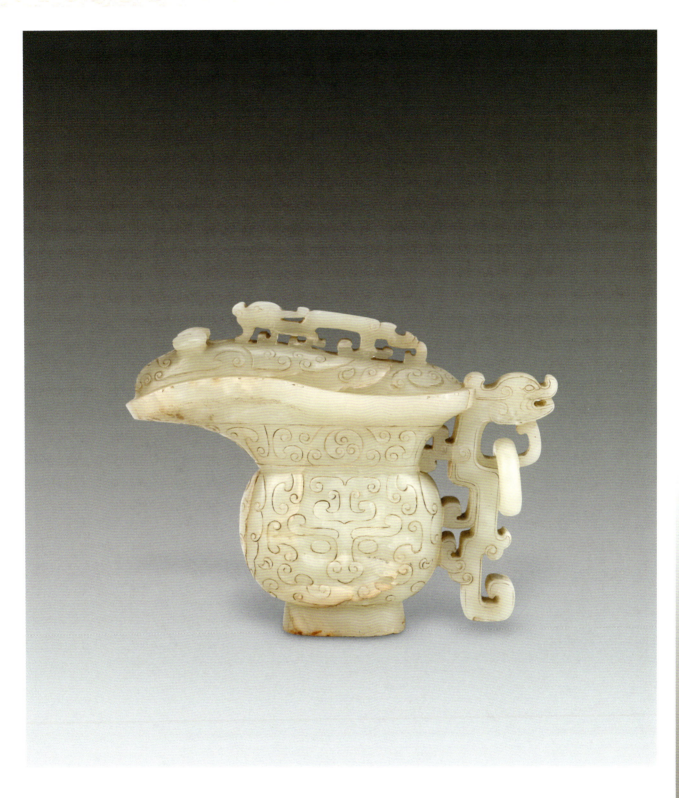

19. 玉觥　明代

高15.5、宽4.3厘米。

莒县博物馆征集。青色，仿商周青铜觥之造型，扁椭
圆形，镂雕兽头形盖钮。前有流，后有镂雕兽衔环
鋬。底为圈足。腹饰线刻蟠螭纹、涡纹。保存完好。

20. 玉带钩　明代

长9.7厘米。

1978年莒县邮政局出土。青玉质，细腻润洁。带钩雕作龙形状，呈长条形，钩头饰龙首，钩身曲弓，并饰凹棱纹，背有圆钮。钩首的眼、小耳、嘴平齐。雕技细腻。保存完好。

莒县博物馆

21. 龙凤纹玉佩　明代

直径5.0、厚0.5厘米。

1981年莒县博物馆征集。白玉质，润洁细腻。器作圆形，透雕，一龙一凤左右对峙。保存完好。

22. 玉带钩　清代

长12.5厘米。

1980年莒县博物馆征集。白玉质。长条形，钩头为龙首，钩身曲弓，身上镂雕螭虎。背有圆钮。保存完好。

23. 玉镯　清代

直径7.5厘米。

1980年莒县博物馆征集。白玉质，细腻润洁。器呈圆环状，雕花卉连枝纹。保存完好。

24. 玛瑙炉　清代

高11.0、腹周26.0厘米。

莒县博物馆征集。黄褐色。体为鼎形，带盖，其上雕有狮钮，子母口，肩两侧镂雕双兽首衔环，三蹄形足。保存完好。

第八章　青铜器

从考古发掘资料看，莒地青铜器起源于龙山文化（古莒地胶州三里河），而真正意义上的青铜时代则要追溯至费县所出商代"举叔"青铜器，后经西周、春秋、战国乃至汉代，有两千多年的历史。分布范围在以莒为中心，西至费县，北至胶州，南至赣榆，东至大海，还涵盖了许多周边地域。无论出土青铜器的数量还是质量，莒地青铜文化独具特色，有些器物还具有浓郁的地域特色。

近年来，莒地出土青铜器的地点有十几处，多以莒城为中心，向四周的山前平原、丘陵地带、水库岸边埋葬，即环郭而葬，距城郭15～50公里。1996年西大庄西周墓出土铜器以重环纹、素面纹为特征，特别是人面首大刀、山字形器、龙凤绞绕纹铜轵，为其他地域所少见，是为数不多的西周典型器物。老龙腰、刘家店子、天井汪、于家沟、老营、源河等莒墓出土的青铜器，在种类、造型、纹饰与技艺上较西大庄墓有明显的进步。在器类上有鼎、敦、壶、匜、盘、罍、钮钟、镈、车马器、兵器等。蛇纹、蝉纹、鸟纹、窃曲纹等成为这一时期的时尚。青铜铭文亦逐渐盛行起来，铸铭铜器日渐增多，莒太史申鼎、莒叔钟、莒大叔壶等，内容多与祭祀相关。

春秋时期窃曲纹龙形柄青铜匜、盒形铜敦，器形独特、纹饰华丽；龙纹铜鼎，器形规整，造型优美，堪称典范，对研究春秋时期莒与周边诸侯国之间的政治、经济、文化具有重要价值。

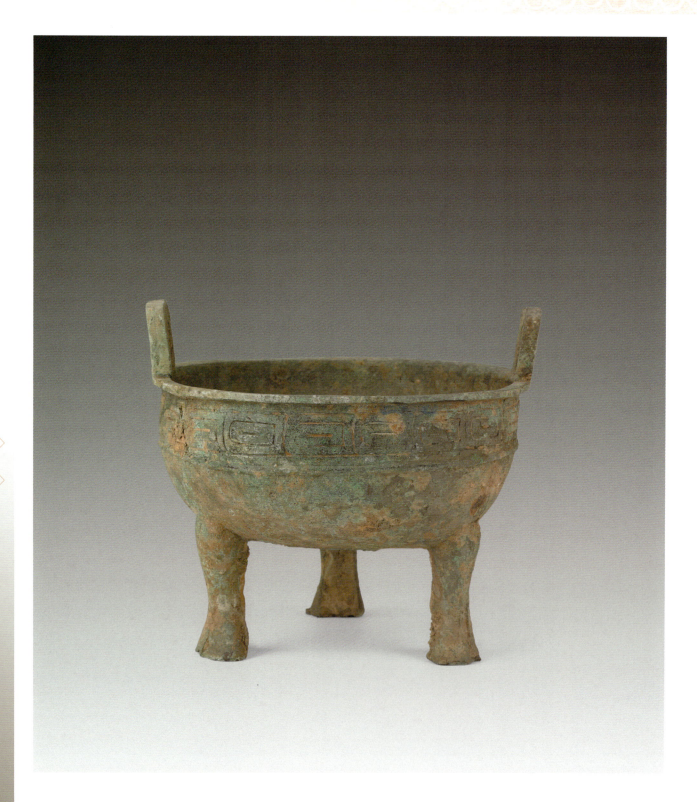

莒
县
博
物
馆

1. 铜鼎 西周

高23.8、口径26.4、腹深11.2厘米。

1996年4月莒县店子集镇西大庄出土。直口微敛，折沿，双
立耳，腹较深，圜底，蹄形足。双耳各饰两道凹弦纹，口
沿下饰重环纹一周，腹中部饰凸弦纹一周。保存完好。

2. 铜簋　西周

高17.8、口径14.8、足径16.0厘米。

1996年莒县店子集镇西大庄出土。器为子母口，鼓腹下垂，圈足，下附三扁形足。盖顶饰涡纹，盖口沿饰重环纹一周；器口沿下亦饰重环纹一周，腹饰横条沟脊纹，腹两侧饰有一对称兽形耳，圈足饰垂鳞纹。保存完好。

3. 铜甗 西周

通高56.1、甑口径36.1厘米。

1996年4月店子集镇西大庄出土。由甑和鬲组合而成。甑敞口，方
唇，双立耳，斜鼓腹，平底，底有三角形漏孔。口沿下饰两道凸
弦纹。鬲为敞口，方唇，束颈，鼓腹，蹄形足。双附耳，双耳与
器壁各有两根相连接的横圆柱，鬲口沿上铸有："齐侯作宝□□
□……子子孙孙永宝用"铭文。保存完好。

4．铜鬲　西周

高15.6、口径15.6、裆高8.6厘米。

1996年4月莒县店子集镇西大庄出土。侈口，方唇，束颈，鼓肩，连裆，高袋形足。通体素面。保存完好。

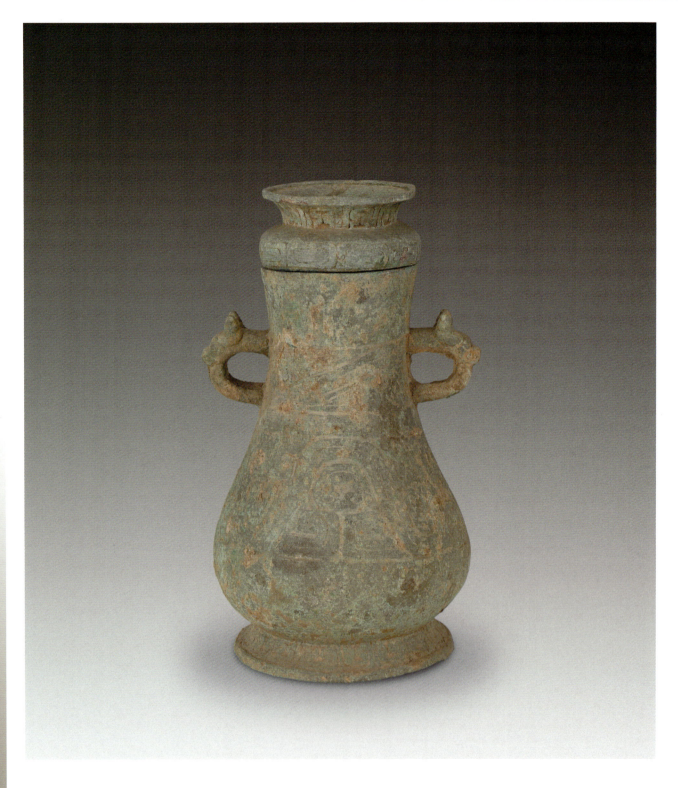

莒 县 博 物 馆

5. 铜壶 西周

高36.9、口径12.3、足径17.5厘米。

1996年莒县店子集镇西大庄出土。器为圆形顶盖，子母口，长颈，鼓腹下垂，下承圈足。颈上部有对称兽形耳，颈部饰夔龙纹，腹饰波曲纹，足饰垂鳞纹。盖顶饰涡纹，外缘饰鳞纹，盖口沿上饰一周重环纹。保存完好。

6. 铜匜　西周

高14.6、长32.4厘米。

1996年莒县店子集镇西大庄出土。器呈瓢形，前有宽流，略平直，后有龙形鋬，龙口衔匜口沿，下承四扁足。口沿至流饰重环纹，龙形鋬身饰重环纹，前两足饰兽面纹，后两足饰兽爪。保存完好。

7. 龙凤纹铜軎　西周

高9.7厘米。

1996年莒县店子集镇西大庄出土。车构件。器上部呈扁圆饼状，下接安柄之用的弯曲圆形喇叭筒，并有一穿孔。圆饼正面饰二龙二凤缠绕图案。保存完好。

8. 龙纹铜鼎 春秋

高32.2、口径32.4厘米。

1974年莒县寨里河镇老营村出土。侈口，方唇，折沿，口沿上两立耳，圜底，三蹄形足。立耳饰重环纹，口沿下饰一周窃曲纹，腹饰一周变形龙纹，两纹饰之间有一凸弦纹相隔。保存完好。

莒
县
博
物
馆

9. 龙纹铜鼎 春秋

高27.0、口径31.5厘米。

1963年莒县天井汪出土。侈口，折沿，方唇，两立耳外撇，圜底，三蹄形足。立耳饰蟠虺纹，腹上饰一周龙纹，足上饰兽面纹。保存完好。

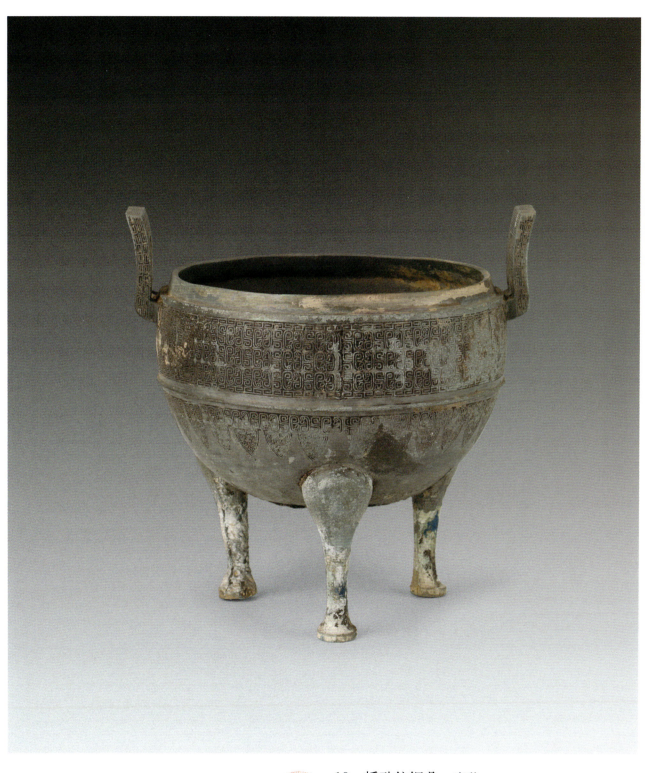

10. 蟠虺纹铜鼎 春秋

高25.0、口径19.0厘米。

1997年莒县龙山镇王家山村出土。器带盖（残），子母口，两附耳，深腹，圆底，三蹄形足。附耳饰勾连纹，口沿下饰蟠虺纹，腹中部饰凸弦纹一周，腹下饰蟠虺纹、三角形兽面纹。保存较好。

莒县博物馆

11．铜鼎 春秋

高48.5、口径51.1厘米。

1963年莒县天井汪村出土。直口，折沿，方唇，立耳微撇，鼓腹，圜底，三蹄形足。耳上饰凹弦纹，腹上饰有三周凸弦纹。保存完好。

12．铜鬲 春秋

高17.7、口径20.0厘米。

1996年莒县长岭村出土。方唇，折沿，束颈，肩略鼓，高袋形足。分档，肩部饰一周窃曲纹。保存完好。

13. 铜敦 春秋

高15.5、盖顶径12.6、底径12.6厘米。

1988年莒县于家沟村出土。器呈扁圆形,子母口,平底,盖平呈饼状。盖和器各有两环状耳。盖与器各饰一周纤细的交龙纹。保存完好。

莒县博物馆

14. 莒大叔弧形壶 春秋

高34.6、口径8.2、底径9.0厘米。

1988年莒县于家沟村出土。器作弧形，侧颈，鼓腹下垂，绞索纹圈足，带盖，盖上有环钮和小直流，兽首八棱活动鋬。通体素面。颈下有铭文28字："莒大叔之孝子平作其盥□壶用征以□□以□岁子子孙孙永宝用之。"保存完好。

15. 窃曲纹铜罍　春秋

高33.0、口径14.5、足径20.5厘米。

1974年莒县寨里河镇老营村出土。子母口，斜肩，鼓腹下收，腹上有四个半环状耳，圈足外撇。肩部饰窃曲纹，腹饰变形蝉纹。保存较好。

16. 铜盘　春秋

高10.1、口径41.0、足径23.0厘米。

1988年莒县于家沟村出土。直口，方唇，浅腹下收，绞索纹圈足。腹上有对称的两个环形活动耳。通体素面。保存较好。

莒县博物馆

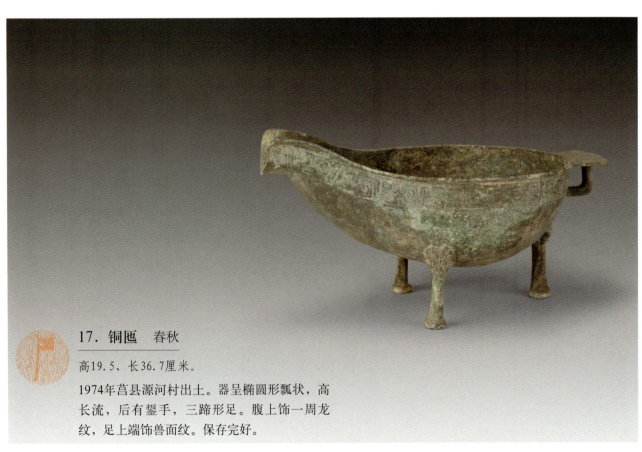

17. 铜匜　春秋

高19.5、长36.7厘米。

1974年莒县源河村出土。器呈椭圆形瓢状，高长流，后有鋬手，三蹄形足。腹上饰一周龙纹，足上端饰兽面纹。保存完好。

18. 铜匜 春秋

高22.1、长44.5厘米。

1996年莒县店子集镇西大庄出土。器呈椭圆形瓢状，高长流，四兽形足。龙形鋬，背有扉棱，龙双目凸起，两螺角直立，卷云状尾。龙形鋬、口部和流下均饰窃曲纹，腹饰横条沟脊纹，龙尾饰重环纹。保存完好。

19. 铜舟　春秋

高7.5、长19.0、宽18.0厘米。

1996年莒故城大墓出土。器呈椭圆形，侈口，小翻沿，鼓腹下收，腹上有一对称半环形耳，平底。腹上有纤细的蟠虺纹一周。保存完好。

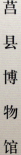

20. 匜形铜舟　春秋

高7.4、长23.3、宽16.5厘米。

1996年莒县长岭村出土。器呈椭圆形，一侧内折，直口，平底。腹一端有一个活动衔环，另一侧有一半圆形流口。通体素面。保存较好。

21. 铜剑　春秋

通长49.2、剑身长39.0、柄长8.5、格宽1.1、剑身宽3.9、厚0.8厘米。

1982年莒县钱家屯遗址出土。剑身截面呈菱形，脊微凸，扁圆柱状茎，中间有两道圆箍，圆首。该剑现在依然锋利无比。保存完好。

22. 十年洱阳令戈　战国

通长24.0、援长15.0、内长9.0、胡长10.5厘米，重350克。

1981年莒县城阳镇桃园村出土。戈援平伸，中起脊，锐锋弧刃，胡较瘦，阑侧三穿，内前部宽肥，中一长穿，中后部收分而变瘦，上下及尾处均为双面刃。内上刻有纤细的铭文22字。保存完好。

23. 后生戈　战国

通长19.5、援长11.0、内长8.5、胡长10.0厘米，重220克。

1965年莒县桑园乡土门村出土。戈援平伸，宽平脊，锐锋平直刃。阑侧有三穿，中穿大，内平直，阑内夹角为90度。胡上有"后生戈"铭文3字。保存较好。

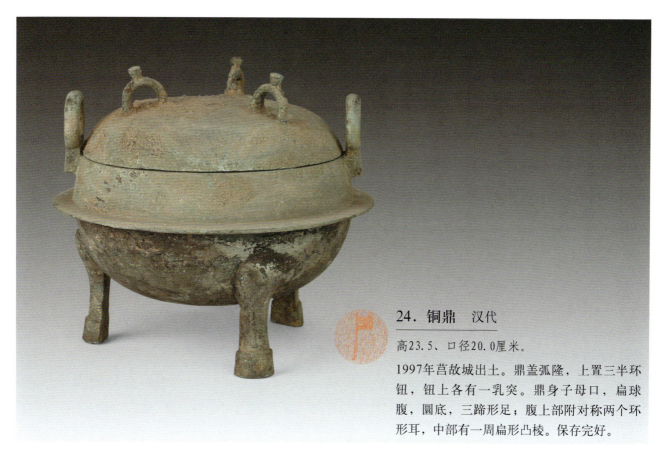

24. 铜鼎　汉代

高23.5、口径20.0厘米。

1997年莒故城出土。鼎盖弧隆，上置三半环钮，钮上各有一乳突。鼎身子母口，扁球腹，圜底，三蹄形足；腹上部附对称两个环形耳，中部有一周扁形凸棱。保存完好。

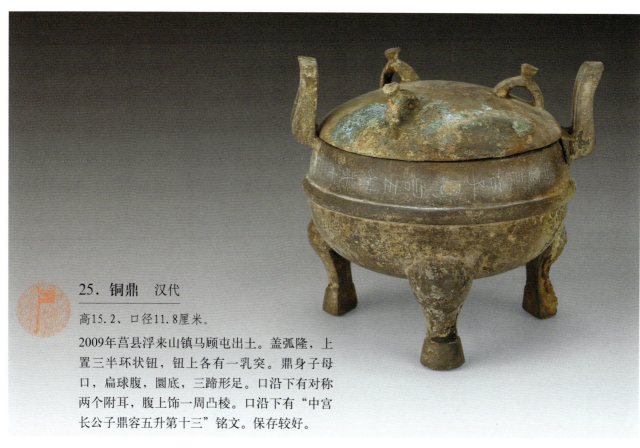

25. 铜鼎　汉代

高15.2、口径11.8厘米。

2009年莒县浮来山镇马顾屯出土。盖弧隆，上置三半环状钮，钮上各有一乳突。鼎身子母口，扁球腹，圜底，三蹄形足。口沿下有对称两个附耳，腹上饰一周凸棱。口沿下有"中宫长公子鼎容五升第十三"铭文。保存较好。

26. 铜龟　汉代

高15.2、长21.5厘米。

2001年莒县齐家庄村出土。灯具。器作龟状，引颈昂首，目视前方，四足外露，作爬行状，头上有一管状孔。器体内中空，背上饰三道弦纹。保存较好。

27. 铜造像　汉代

高4.9厘米。

1992年莒县双合村出土。一人坐于中央，头戴冠，眉清目秀，身着博袖长袍。此人怀中抱一孩童，右侧依靠一小孩，双手拱于胸前，左侧有两个孩童，跪着依偎在身旁，正前方还跪立一小孩童。保存完好。

28. 昭明镜　汉代

直径18.0厘米，重750克。

1981年莒故城出土。圆形，圆钮，柿蒂十二连珠纹钮座，两圈突起弦纹分成内外两环，每环都有铭文带，铭带两侧各有两周射线纹，宽素边。内环铭文："内清质以召明，光辉象而夫平日月，心息而雍塞而不泄。"外环铭文为："清精白而事君，志欢之合明，焕玄锡而泽，恐疏远日忘，慎美之穷，承礼之可说，平而毋绝。"保存完好。

29. 画像镜 汉代

直径14.4厘米，重328克。

1981年莒故城出土。圆形，大圆钮，弦纹连珠纹钮座，四乳丁分成四区，相对两区雕阳纹半跪和跪立侍面向一端坐的东王公、西王母，另外相对两区雕阳纹龙、虎二兽。画像外镌隶书铭文一周："吾作明镜，幽炼三商，周复无训，子孙番昌，土至三尚，其师命长。"再外依次饰射线纹、云藻纹，三角形边缘。保存完好。

144
莒县博物馆

30. 神兽镜　汉代

直径14.2厘米，重345克。

1985年莒故城出土。圆形，大圆扁鼻钮，镜背以四乳构成
四区，每区有一神兽，其外有一圈铭文："吾作明镜，自
有纪令，丁长命，宜孙子，大吉。"再外为三角形、水波
纹，三角形边缘。保存完好。

莒
县
博
物
馆

31. 盾形镜　宋代

镜长20.5厘米，重775克。

1980年莒县博物馆征集。镜呈盾形，大圆鼻钮靠尖部。镜背以弦纹构成方条栏，钮下中间铭文为"人有十口，前牛无角，后牛有口走"，实为一谜面，谜底为"甲午造"。中部一长方框内为一浮雕老虎，扬尾回首。下部长方框内四字为"辟祸去给（疾）"。两侧铭文为"轩辕维法造丹药，百炼成得者身昌"。近底部饰一组草叶纹。保存完好。

第九章　金银器

　　西汉时期，汉文帝前元元年（前179年）初置城阳国，都治在莒，其政治稳定，经济发达，文化底蕴深厚。

　　1992年莒县双合村一座汉代儿童墓中出土了一组金器，小巧玲珑，制作精美，有金蟾、金盾牌、金锅灶、鎏金铜马、鎏金铜鼎等，该墓出土的金锅灶其上中央置一锅，锅内盛满小金珠，象征黍饭；灶台前有一金丝、金珠制成的鱼，灶台后端有一直立的烟囱；灶的底面用金丝制成"宜子孙"铭文。2001年莒县浮来山汉墓中也出土了一组金器、银器，有金扣饰、金羊面饰等器物，金羊面饰用捶揲錾刻法制作，造型优美、纹饰繁缛，是一件杰出作品。这些制作精细的金银器是汉代城阳国经济发展、文化繁荣鼎盛阶段的象征。

正　面　　　　　　　　　　　　　　　　　　背　面

莒
县
博
物
馆

1. 金扣饰　汉代

高0.5、直径1.2厘米，重1.35～1.69克。

2001年莒县浮来山汉墓出土。饰品，4件，形制相同。半球形，内凹，底部折沿。半球面的顶端用金丝镶嵌成圆心，球面各有2组对称用金丝制成的鸡心形，鸡心形间有2～3个不规则的小金球点缀。半球面顶部之圆心、鸡心形内镶嵌有绿松石；半球面的圆心、鸡心形外、底部折沿上均有扭丝纹。器底内凹面有一环钮，系佩戴之用。保存完好。

正　面　　　　　　　　　　　　　　　背　面

2. 金羊面饰　汉代

高4.95～5.05、宽4.7～4.8厘米，重3.39～3.8克。

2001年莒县浮来山汉墓出土。饰品，4件，形制相同。器作桃形，薄片状，正面左右有一半羊面首。羊角曲弯环绕羊之耳、眼，两半羊面首之间用折线纹相隔，其两羊面角之顶部有一正视的鹰面首。羊面的角、耳及器周边用纤细的刻划纹刻划。该器的上下、左右靠边处，各有一细小的穿孔，系佩戴之用。保存完好。

3. 银扣饰　汉代

长2.15～2.2、宽1.9厘米，重5.5～5.75克。

2001年莒县浮来山汉墓出土。饰品，3件，形制相同。器扁平，为长方形，中有一横方柱，两端镂空，呈日字形。保存完好。

莒
县
博
物
馆

4. 银环　汉代

外径3.3～3.5、内径2.35～2.7厘米，重8.8～15.2克。

2001年莒县浮来山汉墓出土。饰品，一式2件，一大一小。器作环状。其一由于使用原因，环的一侧较细，磨痕较重；其二使用较轻，磨痕较浅。保存完好。

5. 鎏金菩萨像　隋代

通高23.8厘米。

1992年莒县马家峪村出土。该像首后有火焰头光，首上作肉髻，面部清
秀，闭目凝神，衲衣通肩绕裹，右手持一瓶微前伸，左手托一长形物弯
曲向上并立于莲花座之上。莲花座呈棱面须弥座。保存较好。

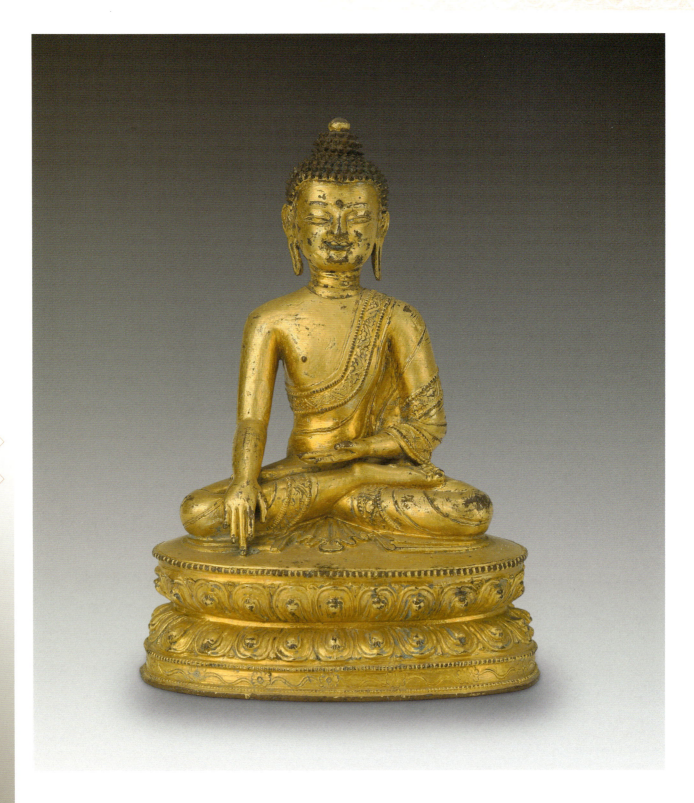

6. 鎏金佛像 明代

通高18.0、座长13.5、宽9.3厘米。

1980年莒县博物馆征集。该像为如来佛像。头上作肉髻，面相丰满端正，脸睑略
俯视，表情静穆柔和，略含笑意。上身右肩裸露，左肩披帛下垂，右手扶膝，左
手心向上置于胸前，结跏趺坐于仰覆莲花座上。保存较好。

第十章　货币钱范

　　莒地钱范、货币种类繁多，数量较大，可分为骨贝、石贝、铜钱、银元、铜元等，具有典型的地域文化特色。其中春秋晚期陶质钱范，汉代石质钱范，汉代半两、五铢、榆荚钱范，宋代、清代铜钱数量最多。

　　齐国大刀币铸造流通于春秋战国时期，战国后期，莒国疆域属于齐国，钱币的铸造流通十分发达，在今莒县境内出土了数量较多的齐国刀币。

　　莒国故城宫城南墙外发现春秋时期铸造莒明刀的作坊遗址，出土大量的刀币铭范和铸造刀币相关的遗存。

　　莒县博物馆收藏有大量的钱范和数以万枚的货币藏品，种类繁多，精品荟萃，更有许多填补了货币史空白的珍品。

莒
县
博
物
馆

1. 骨贝　春秋

长2.3、宽1.9、厚0.7厘米不等。

1988年莒县东莞镇鞠家窑村出土。骨质。正面中间刻一直竖
沟，竖沟两侧有齿，两端有气孔。背面平。保存较好。

2. 石贝　春秋

长2.9、宽2.1厘米不等。

1993年莒县东莞镇大沈刘庄村出土。石质。一面凸起，钻有
圆孔，另一面抹平有沟槽，槽沿有齿。保存较好。

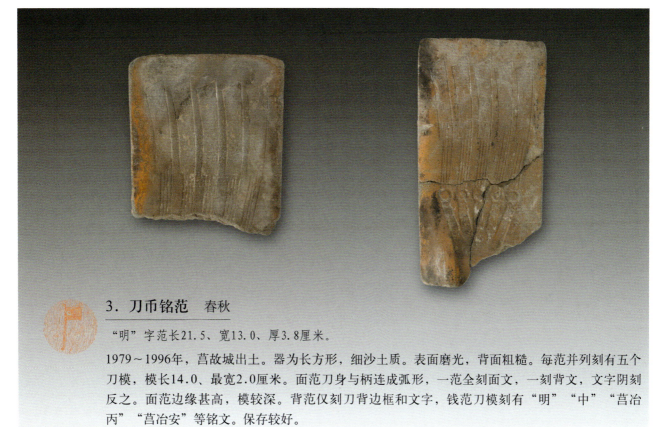

3. 刀币铭范　春秋

"明"字范长21.5、宽13.0、厚3.8厘米。

1979~1996年，莒故城出土。器为长方形，细沙土质。表面磨光，背面粗糙。每范并列刻有五个刀模，模长14.0、最宽2.0厘米。面范刀身与柄连成弧形，一范全刻面文，一刻背文，文字阴刻反之。面范边缘甚高，模较深。背范仅刻刀背边框和文字，钱范刀模刻有"明""中""莒冶丙""莒冶安"等铭文。保存较好。

4. 齐法化 战国

长18.0、最宽3.0厘米。

1985年莒县店子集镇王家坪村出土。器为刀形，弧背凹刃，刀
柄扁平末端圆环，弧部隆起而不断。面文为"齐法化"，背部
有三条横线和宊字形，背文为"+"。保存完好。

5. 齐返邦䢍法化　战国

长28.7、宽3.0厘米。

1982年莒故城出土。器为刀形，弧背凹刃，刀柄扁平末端有环，弧部隆起而不断。面文为"齐返邦䢍法化"，背文为"上"字。保存完好。

莒
县
博
物
馆

6. 榆荚钱范 汉代

范长24.6、宽10.6、厚1.5厘米。

1985年莒县龙山镇孙家庄出土。滑石质。长方形，正面平滑，中间
刻有注铜液长槽，注槽两侧刻有三行并列的"半两"钱模。每行14
枚。钱模直径1.1、穿径0.7厘米。保存完好。

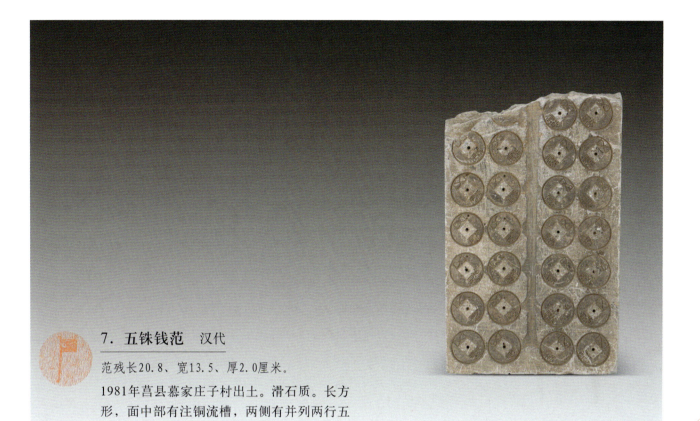

7. 五铢钱范　汉代

范残长20.8、宽13.5、厚2.0厘米。

1981年莒县慕家庄子村出土。滑石质。长方形，面中部有注铜流槽，两侧有并列两行五铢钱模。钱模直径2.5、穿径1.0厘米。

8. 半两钱范　汉代

范长26.2、宽12.5、厚1.9厘米。

1981年莒县城阳镇慕家庄子村出土。滑石质。长方形，范面中间为注铜液长槽，注槽两侧各刻有两行并列钱模。钱模直径2.4、穿径0.8厘米。保存较好。

第十一章　汉画像石

　　汉画像石是汉代人雕刻在墓室、祠堂四壁的装饰石刻壁画。内容主要有神话故事、典章制度、风土人情等各个方面。它生动形象地反映和记录当代社会真实的生活场面，为研究汉代社会的政治、经济、军事、文化、艺术等方面提供了珍贵的实物资料。

　　莒县博物馆馆藏汉画像石，多出土于东莞镇、碁山镇、招贤镇、城阳镇、夏庄镇等地。"东莞大沈刘庄汉墓"和"东莞村汉墓"出土的汉画像石是莒县汉画像石中的杰出代表，其中"拥吻图"画像在汉画像石中极少见。莒县东莞出土的汉画像石，画像内容丰富，刻有仙人神灵、奇珍异兽、历史故事、车马出行、战争狩猎、乐舞庖厨等，其中尤以历史故事题材的画像最为突出，其雕刻技法为减地平面线刻。

1. 拥吻图画像石 汉代

通高110、宽46厘米。

1985年莒县东莞镇大沈刘庄汉墓出土。画像石分上下两格，上格一人端坐，发冠特异，当为西王母；下格居中刻一男一女引臂相互拥抱，作拥吻之状，女子身后一侍女。该画像石非常罕见。保存完好。

2. 车马出行画像石　汉代

通长147、高45厘米。

1985年莒县东莞镇大沈刘庄汉墓出土。为一车二骑，车马前后皆有人迎送。左端似为一人拥彗侍立，但人物没有刻画出来，只表现了双手握彗。一人持物鞠立，前方设一案，迎接二车骑。导骑后为一辆四维轺车，上坐御者和一头戴进贤冠的官吏，车后一人双手举一物跪送。轺车后面尚垂下一物，上有二弧形垂帐纹，框格的上方及左端为两道。保存完好。

3．立柱画像石　汉代

高116、宽46厘米。

1985年莒县东莞镇大沈刘庄汉墓出土。立柱上方刻一鸟口衔一蛇；下有一人，短衣露腿，一手持幢形物，一手上举，仰首上视。保存完好。

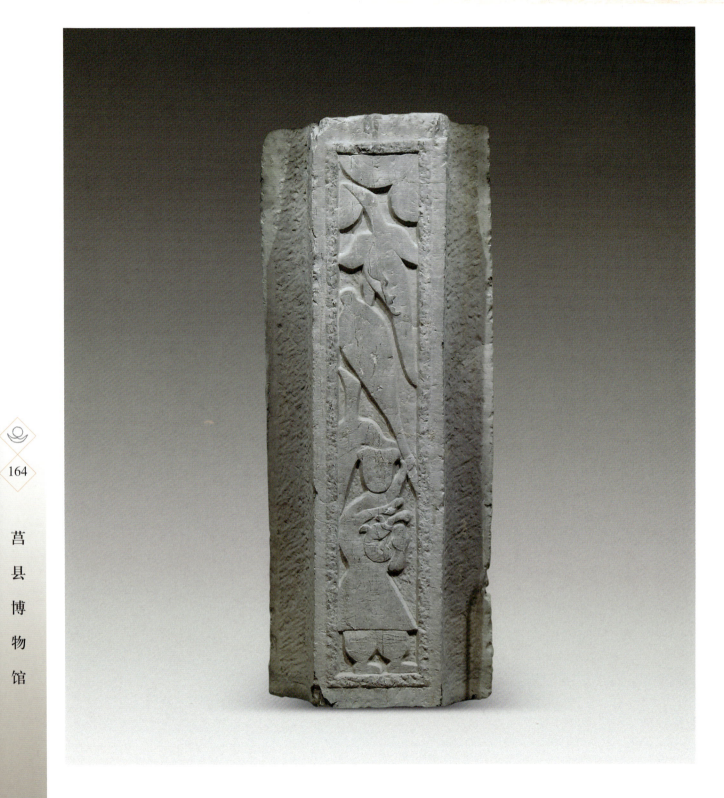

4. 立柱画像石　汉代

高115、宽46厘米。

1985年莒县东莞镇大沈刘庄汉墓出土。立柱上刻一鸟飞翔，喙衔一半圆物，另外还有两个半圆形物，皆以线刻同心圆7~8周，可能是金乌衔日。下立一人，头梳双髻，身着短衣，下露肥大的裤腿，一手举网，另手提一只小兔，头上空间刻一飞鸟。保存完好。

5. 立柱画像石　汉代

高120、宽47厘米。

1985年莒县东莞镇大沈刘庄汉墓出土。立柱上下分两格，上刻一人首蛇身的神人，双手托举一圆形物，当为伏羲捧日，日中刻一小圆孔；下格刻一门卒拥彗侍立。保存完好。

6. 立柱画像石　汉代

高115、宽48厘米。

1985年莒县东莞镇大沈刘庄汉墓出土。立柱上刻一骊驹，中间刻一头梳双髻，臂、臀生有羽翼的仙人，手托一树，作飘飘欲飞之状。下刻一力士披发，有尾作蹲踞状，右摁在左膝盖上，左手高举一大斧。保存完好。

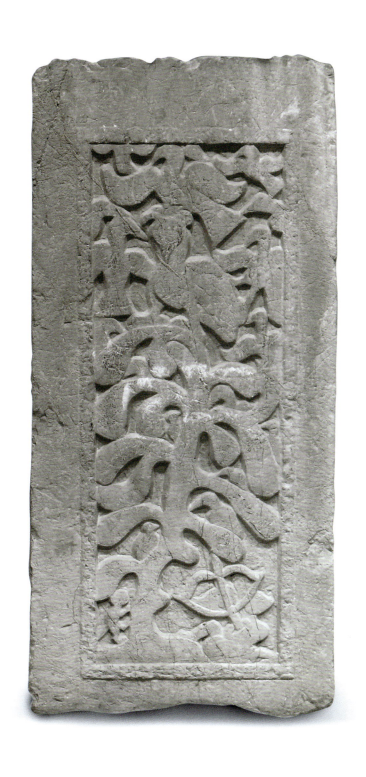

7. 立柱画像石 **汉代**

高102、宽47厘米。

1985年莒县东莞镇大沈刘庄汉墓出土。立柱刻一枝叶扶疏的大树，枝叶间刻大小鸟雀13只，一大鸟居中。树下右侧刻一小猴爬树戏耍，左刻一人仰坐引弓射鸟。保存完好。

莒县博物馆

8. 立柱画像石　汉代

高102、宽46厘米。

1985年莒县东莞镇大沈刘庄汉墓出土。立柱上刻一羽翼仙人作跨步回首状，右手高举一树；下刻一大鸟喙衔有结的缨带，右爪抓一兔，大鸟尾部上边刻有小鸟。保存完好。

9. 立柱画像石　汉代

高95、宽26厘米。

1993年莒县东莞镇东莞村汉墓出土。立柱三面刻画像。正面有边框，框内上部立一小朱雀，其下有一人，拱手而立。左侧面刻一人，拥彗而立。右侧面有边框，框内上下两端皆刻三角纹，画面中央是人身蛇尾的伏羲、女娲，手执规矩，其下立一人。保存完好。

莒
县
博
物
馆

10．立柱画像石　汉代

通高94、宽26厘米。

1993年莒县东莞镇东莞村汉墓出土。立柱三面刻画像。正面有边框，
上部立一小朱雀，其下有一人拱手而立。左侧面上部刻有二人，执棨
戟站立，下部刻一人袖手而立。右侧面刻一立人。保存完好。

11. 长方石板画像石　汉代

高95、宽62、厚11厘米。

1993年莒县东莞镇东莞村汉墓出土。长方石板画像画面分三层。上层为周公辅成王图。成王正面站立，左侧一侍臣为其打伞盖，两侧各有一大臣，拱手而立；中层为乐舞百戏图，左上角二人手执便面，为观乐的两位主人纳凉，左下角刻三个奏乐者，右上角一人击鼓，右下角一人踏鼓而舞，其前后各有一人；下层刻画三个骑吏。保存完好。

莒
县
博
物
馆

12. 横条石画像石 　汉代

通长102、宽22厘米。

1993年莒县东莞镇东莞村汉墓出土。该石左边一人凭几而
坐，面前一人执物侍奉；右边二人持剑对舞。保存完好。

13. 横条石画像石　汉代

通长107、宽21厘米。

1993年莒县东莞镇东莞村汉墓出土。该石上刻6人，左边一人右手执杖，面右而立；右边5人面左而立，手捧简册，右边第二人腰佩长剑。保存完好。

正　面　　　　　　　　　　　　　　　　背　面

174

莒
县
博
物
馆

14. 阙门画像石　汉代

通高181、宽71、厚35厘米。

1993年莒县东莞镇东莞村汉墓出土。该石四面皆有画像。正面自上而下分为七层。第一层是内饰卷云纹的拱形边框，框内刻朱雀和羽翼人图案；第二层中间刻题记8行，每行13～18字不等，题记为："惟光和元年八月十日□□琅琊东莞□孙熹」年六十四故世□□故□□诸曹（？）掾□县主薄」□□升离□□情意□此大门阙□□归」于□千秋万岁□□□□□□□山□□□」□□□□有刻□□□者游魂□无不□」其□□□□□□□□□□□□孙」东□命行事承□□升太知播惠康」□□□□□□□□□□永无疆"。题记左侧一人，双手持盾，左向躬立，脑后有榜题"门大夫"，其身前置一釜灶。题记右侧为两层干栏式建筑，楼上楼下各坐一人。第三层中间刻一圆坑，深6.5、直径13.5厘米。圆坑左侧刻三人，其中左者荷物登梯，右者张弓射之，二人中间立一小人。左下角有一榜，无题。右侧站一人，正在洗刷树下之马。第四层刻四人，每人左上方均有一榜题。最右一人面朝左，坐于树下（九尾狐之尾缠绕树冠状，九尾狐作跑状），榜题"尧"；第二人面朝右，作跪谒状，榜题"舜"；第三人榜题"侍郎"，第四人榜题"大夫"，此二人拱手站立，当是跟随舜拜谒尧。第五层刻五人，每人右上方均有一榜题。最右之人面北而坐，怀中抱一幼儿，榜题"禹妻"；第二人头戴斗笠，作行走状，榜题"夏禹"；第三人头戴冕，左向侧立，榜题"汤王"；第四人头梳高髻，博袖长裙，面朝汤王站立，榜题"汤妃"；第五人亦右向侧立，有榜无题。第六层为乐舞图。右边二人跪坐观舞，脑后有榜无题；中间有一舞者，长袖轻扬，双足踏鼓；舞者左侧第四人，正在吹排箫；第五、第六人正面跪坐，形体较小，其前各置一小鼓；最左之人右向踞坐，双手抚琴。第七层是庖厨图，刻石已风化。右边有灶，灶上放釜甑，一人正在灶前炊煮。屋顶横杆，上挂鸡、鱼、猪头，其下一人持刀，正在切食物。左侧图案漫漶不清。

右侧面顶部刻一人，双手作撑托状。其下为装饰连弧纹的长方框，框内画像分为上下两层。上层刻一门卒，拥彗侧立；下层刻二兽，向上攀爬。

背面上边与左右两边均刻内饰S形卷云纹的边框，框内画面自上而下分为七层。第一层中央端坐着西王母，其右侧有一羽人和一个人首鸟身侍者，左侧为玉兔捣药。第二层是狩猎图，石刻中部已剥蚀。右侧一狗拴于树下，另有一狗正在扑兔；左侧一人，肩扛罕网作行走状。第三层也是狩猎图，右边刻奔鹿、蹲犬，左侧一头野猪立于树下。野猪面前有一人，张弓欲射；野猪身后一人，正在持矛刺之。第四层中间与正面圆坑对应处也刻一大小相同的圆坑。圆坑左右各有三人，向坑而立，右有二榜，无题。第五层是射虎图。右边一虎，作蹲踞状，其上方刻一飞鸟，虎前为木连理；中间有一虎，向右走来，其后站一人，正在张弓射之。第六层刻画二桃杀三士的故事。右边一人向左躬立，上方有二榜，无题；左边有两个武士，相向而立，二人中间的地上置一豆，内盛二桃，两武士均伸手欲取桃。第七层的画面已残，依稀可见一牛车，车上坐二人。

左侧面顶部图像和边框与右面近似，框内上部刻一猪、一兽，下部为二猿攀爬图案。

正　面　　　　　　　　　　　　　　　背　面

莒
县
博
物
馆

15. 阙门画像石　汉代

高165、宽69、厚36厘米。

1993年莒县东莞镇东莞村汉墓出土。正面自上而下分为六层。第一层的纹饰与14.阙门画像石正面图案相似，也是羽人戏凤。第二层刻画胡汉战争图。右边弧线代表深山，隐约露出两个骑马的胡兵，正在张弓射箭。迎面而来的汉军身穿铠甲，手持兵器，策马进攻，地上躺着两个被斩首的胡兵。左边为一座二层楼阁，上层内放置盾和弩，柱上刻"隶胡"二字；下层内端坐一人，楼外站一官吏，跟着两个被缚的胡俘。第三层中间刻一方坑，边长14.5、深6.0厘米。方坑左右各有三人，向坑跪坐，上方有六榜，无题。第四层刻画七女为父报仇的故事。整个画面以桥为中心，桥上桥下有五名女子，手执长剑、盾牌等兵器，一辆马拉的辎车行至桥中央，车上主人已跌落桥下，左右各有一名女子，乘船持兵器向他刺去。画面左上角有榜题，为"七女"二字。第五层有二条渔船，船上渔夫正在叉鱼。第六层刻大鱼、小鱼各三条。

右侧面顶部纹饰与14.阙门画像石相似，唯人物胸部以上残。边框内刻二虎，下边有一羽人，执虎尾而戏。边框底部刻三角纹装饰带。

背面边框与14.阙门画像石背面相同，框内画面自上而下分为七层。第一层中间端坐东王公，肩生双翼，其左右各有一仙人，捧物侍奉。第二层有七人，左四右三，相对而立，人物上方有榜无题。第三层刻画主人进食场面。左边主人席地而坐，身后站一人，执物侍奉。主人面前置两个几案，上放食品，有一仆人正在为主人盛食；右边还站立二侍者，两人之间上方有一榜，无题。第四层中间与正面方坑对应处刻一相同的方坑，左右各有一匹马，系于树下，向坑而立。第五层为车骑出行图。右边一导骑，肩扛棨戟，其后跟随一辆马拉的车。该层右上角有一榜，无题。第六层为迎宾图。右边立一人，持盾躬迎；有一导骑背朝正面，其后跟随一辆辎车。第七层，右边刻画一座二层楼阁，楼内有三人；左边是木连理，枝头有鸟，树干上有猴上攀；楼与树木之间立一人，正在张弓射屋檐上的猴。

左侧面顶部图案及阙身的边框与右侧面相类似，框内刻一羊、一翼虎和一猿作上攀状。

第十二章　书画

　　书画艺术具有深厚的文化传统和独特的民族韵味，是特有的古代传统艺术表现形式。

　　莒县博物馆收藏了大量的古代书画，以地方名人作品居多，既有雅致细腻的佳作，又有朴质野趣的精品，或写或画，自然朴实，生动活泼。其中书法作品有明代刘重庆的《草书中堂》、董其昌的《行书中堂》，清代董诰的《行书中堂》、程楚楠的《殿试策》等。绘画作品有清代李方膺的《五鱼图》、黄慎的《渔家乐》、张若澄的《工笔山水手卷》、张士保的《博古图》等，还有地方名人书画作品亦是馆藏中的精品撷萃。

1. 赵孟頫行书册页　元代

一册6页，每页纵25.5、横11.5厘米。

莒县博物馆征集。该册页纸本，绫裱。赵孟頫书，钤"赵氏子昂"印，册页后有明代马中锡小楷题跋。

赵孟頫（1254~1322年），字子昂，号松雪道人，宋秦王赵德芳之后。自幼聪明，读书过目成诵，工书画，真、草、隶、篆、行无不冠绝，其行书笔法纯熟遒劲，尤为当代第一。

2．刘重庆草书中堂　明代

纵184、横51厘米。

1993年莒县博物馆征集。绢本中堂，此幅中堂笔力苍劲厚实，气势雄健。

刘重庆（1579～1632年），字幼孙，号耳枝，山东掖城（今山东莱州）人。

明末著名书法家。

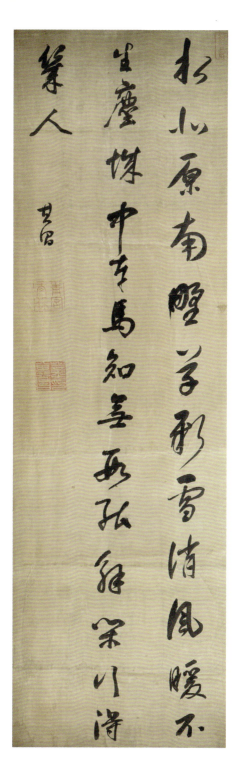

3. 董其昌行书中堂　明代

纵180、横54厘米。

1977年莒县博物馆征集。绢本全绫装裱。

董其昌（1555～1636年），字玄宰，号思白，松江华亭（今上海）人。明万历十六年（1588年）进士，官至南京礼部尚书。工诗文，擅书画，精鉴赏，富收藏。书法遍学晋宋诸家，长于行楷，称绝一代。

4. 董诰行书中堂　清代

纵130、横67厘米。

1987年莒县博物馆征集。绢本中堂。

董诰（1740～1818年），字西京，号蔗林，浙江富阳（今浙江杭州市富阳区）人，
董邦达之子。乾隆二十八年（1763年）进士，官至大学士，书法雅秀绝尘。

澹雲輕雨拂高唐玉殿秋來
夜正長料得也應憐宋玉一生
唯事楚襄王李逕獨來數愁
情相與懸自明無夜月強笑歌

風天減粉興園籜分香沾渚
蓮徐妃久已嫁猶自玉為鈿曾
逐東風舞延樂游春苑斷
腸天又何肯到清秋日已帶斜

陽又帶蟬高閣竟去小園飛
亂花參差連曲陌逆送斜
暉腸斷未忍掃眼穿仍欲稀
芳心向春盡所得是沾衣為有

雲屏無限嬌鳳城寒盡怕春
宵無端嫁得金龜壻辜負
香衾事早朝
柏年仁兄先生雅政　弟凌雲
壬子秋錄李義山先生詩

5. 凌云楷书四条屏　清代

每幅纵152、横63厘米。

1981年莒县博物馆征集。纸本，四幅。其书法运笔圆转，结体浑厚，书风秀润，笔意沉着。

臣對臣聞合天者帝通德者王自古帝王之治天下未有
不以懋修為本者易曰蒙以養正書曰念終始典于學凡
聖功端萬化之原也故致治必求當理而理境之所以克
明者則聖功之精於體道可知也察吏在乎安良而良吏
之所以克庸則聖功之深於愛民可知也崇儉方能裕國
而國用之所以克克則聖功之嚴於寡欲可知也講武斯
可宣威而威聲之所以克振則聖功之強於修德可知也
操之有本斯推之咸宜唐虞三代之隆亦不過是也欽惟
皇帝陛下沖齡踐阼典學方勤裕文武之資炳登咸之治固已
理學無不明吏治無不善浮費無不節戎政無不修矣迺
聖懷沖挹猶切咨詢思久道之有成冀通言之可察進臣等於
廷而策之以析理課吏戒奢整旅諸大政如臣之愚昧何足

6. 程楚楠殿试策　清代

纵28、横184厘米。

1998年莒县博物馆征集。纸本，楷书。计15折页，每页6行，满行24字，计1980字。

7. 黄慎渔家乐图轴　清代

纵176、横59厘米。

1987年莒县博物馆征集。纸本。

黄慎（1687～1768年后），字恭懋，号瘿瓢，宁化（今福建宁化）人。少时家贫，一生布衣，寓居扬州卖画为生。早年师法上官周，多画工笔人物。中年以后，变为粗笔挥写。

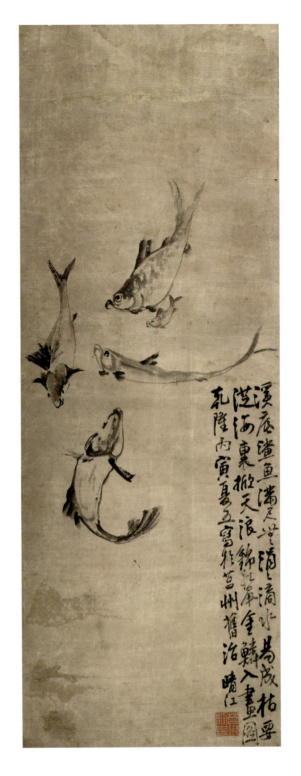

8. 李方膺五鱼图轴 清代
_____

纵174、横46厘米。

1984年莒县博物馆征集。纸本。

李方膺（1695～1755年后），字虬仲，号晴江，又号秋池，通州（今江苏南
通）人。擅画松、竹、梅、兰等，老笔纷披，不拘绳墨，尤善大幅。雍正十年
（1732年）奉命署理莒州。

局　部

局　部

9. 张若澄山水手卷　　清代

纵11、横110厘米。

1980年莒县博物馆征集。纸本，全绫装裱。

张若澄，字镜壑，一字炼雪，桐城（今安徽桐城）人。乾隆十年
（1745年）进士，官至内阁侍读学士，能写墨花，工山水，擅画梅。

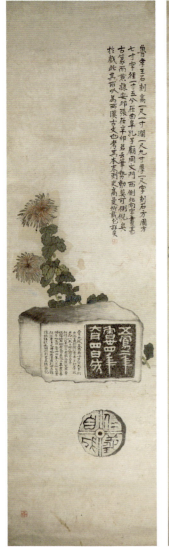
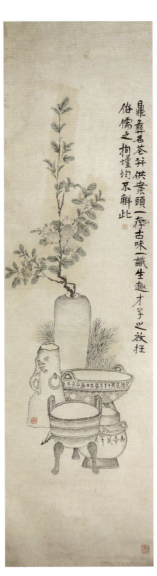

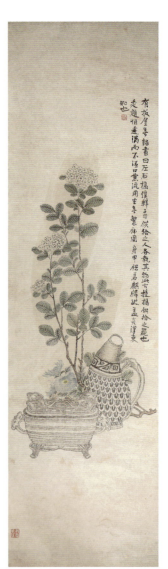

10. 张士保博古图　清代

纵158、横44厘米。

1995年莒县博物馆征集。纸本，12幅。

张士保（1805～1878年），字鞠如，山东掖县（今山东莱州）人，光绪四年（1878年）授临淄教谕。山水、花鸟不落恒蹊，尤工人物，宗古法，笔法结构纯从汉造像得来。嗜金石文字，兼精金文、篆、隶。

11. 海棠蝈蝈图　清代

纵47、横37厘米。

1980年莒县博物馆征集。绢本。

海棠蝈蝈图，佚名。该画敷色雅丽明快，自然协调。画中石以墨笔勾画，海棠和秋菊花、四只蝈蝈形态各异。

莒
县
博
物
馆

12. 人物横披 清代

纵81、横125厘米。

1990年莒县博物馆征集。纸本。

唐赓，字幼竹，江西临川（今江西抚州市临川区）人。

工书法，擅画梅兰。该人物横披右上角由唐赓题跋。

后 记

　　在各级党委、政府的大力支持下，莒县博物馆蓬勃发展，各项工作均取得了丰硕的成果。博物馆新馆落成暨开展，全县人民期盼已久的心愿得以实现。新馆建筑独具特色，气势雄伟，展陈洋洋大观，有些展品为首次亮相，这些彰显了莒文化的厚重与辉煌。

　　为了让广大读者对新莒县博物馆有一个全面了解而编成此书，书中所录文物除部分为原馆藏外，相当数量是近十年的考古发掘品。

　　本书的编写得到潍坊市博物馆研究员孙敬明先生、本馆研究员苏兆庆先生的悉心指正，并参考了相关文博研究资料，承孙先生百忙之中拨冗赐序。莒县博物馆的同仁们做了大量的艰辛工作。文物出版社编辑秦彧、王紫微为本书出版付出了辛勤劳动。谨此一并致谢！

　　新馆伊始，草成此书，仅为初步呈献，来日可望，任重而道远。更系统、更全面的专题研究将会陆续与广大读者见面。

刘云涛

2015年5月1日

191

后

记